Delicii din India

Rețete Autentice pentru Bucătăria Indiană

Ravi Sharma

Relua

Doza imediată 18
    Ingrediente 18
    metodă 19
Rulouri de cartofi dulci 20
    Ingrediente 20
    metodă 20
Clatite cu cartofi 21
    Ingrediente 21
    metodă 22
Murgh Malay Kebab 23
    Ingrediente 23
    metodă 24
Keema Puffs 25
    Ingrediente 25
    metodă 26
Ou Pakoda 28
    Ingrediente 28
    metodă 29
Doza de ou 30
    Ingrediente 30
    metodă 31
Khasta Kachori 32
    Ingrediente 32

    metodă 33

Leguminoase amestecate dhokla 34

    Ingrediente 34

    metodă 35

Frankie 36

    Ingrediente 36

    metodă 37

Deliciul cu brânză Besan 38

    Ingrediente 38

    Pentru amestecul de fasole: 38

    metodă 39

Chile idli 40

    Ingrediente 40

    metodă 40

Mușcături de spanac 41

    Ingrediente 41

    metodă 42

Paushtik Chaat 43

    Ingrediente 43

    metodă 44

sarmale 45

    Ingrediente 45

    metodă 46

pâine cu roșii 47

    Ingrediente 47

    metodă 47

Chirtărițe de porumb și brânză 48

Ingrediente 48

metodă 48

Fulgi de porumb Chivda 49

Ingrediente 49

metodă 50

rulada de nuci 51

Ingrediente 51

metodă 52

Sarmale cu carne tocată 53

Ingrediente 53

metodă 54

pav bhaji 55

Ingrediente 55

metodă 56

cotlet de soia 57

Ingrediente 57

metodă 57

Porumb Bhel 59

Ingrediente 59

metodă 59

Methi Gota 60

Ingrediente 60

metodă 61

Ili 62

Ingrediente 62

metodă 62

IDli plus 63

- Ingrediente 63
  - metodă 64
- Sandviș Masala 65
  - Ingrediente 65
  - metodă 66
- frigarui de menta 67
  - Ingrediente 67
  - metodă 67
- Sevia Upma Legume 68
  - Ingrediente 68
  - metodă 69
- Bhel 70
  - Ingrediente 70
  - metodă 70
- Sabudana Khichdi 71
  - Ingrediente 71
  - metodă 72
- Dhokla ușor 73
  - Ingrediente 73
  - metodă 74
- Cartofi Jaldi 75
  - Ingrediente 75
  - metodă 75
- Dhokla Orange 76
  - Ingrediente 76
  - metodă 77
- Varză de Muthia 78

- Ingrediente 78
- metodă 79
- Rava Dhokla 80
  - Ingrediente 80
  - metodă 80
- Chapati Upma 81
  - Ingrediente 81
  - metodă 82
- Mung Dhokla 83
  - Ingrediente 83
  - metodă 83
- Cotlet de carne de Mughlai 84
  - Ingrediente 84
  - metodă 85
- Masala Vada 86
  - Ingrediente 86
  - metodă 86
- Varza Chivda 87
  - Ingrediente 87
  - metodă 88
- Pâine Besan Bhajji 89
  - Ingrediente 89
  - metodă 89
- Methi Seekh Kebab 90
  - Ingrediente 90
  - metodă 90
- Jhinga Hariyali 92

Ingrediente	92
metodă	93
Methi Adai	94
Ingrediente	94
metodă	95
Pea Chaat	96
Ingrediente	96
metodă	96
shingada	97
Ingrediente	97
Pentru patiserie:	97
metodă	98
Ceapa Bhajia	99
Ingrediente	99
metodă	99
Bagani Murgh	100
Ingrediente	100
Pentru marinata:	100
metodă	101
Tikki de cartofi	102
Ingrediente	102
metodă	103
Bataat Vada	104
Ingrediente	104
metodă	105
Mini kebab de pui	106
Ingrediente	106

metodă 106
Lentile Rissole 107
Ingrediente 107
metodă 108
Poha hrănitoare 109
Ingrediente 109
metodă 109
Fasole obișnuită 110
Ingrediente 110
metodă 111
Pâine Chutney Pakoda 112
Ingrediente 112
metodă 112
Methi Khakra distracție 113
Ingrediente 113
metodă 113
Șnitel verde 114
Ingrediente 114
metodă 115
mână 116
Ingrediente 116
metodă 117
Gugra 118
Ingrediente 118
metodă 118
frigarui de banane 120
Ingrediente 120

metodă 120

plăcintă cu legume 121

    Ingrediente 121

    metodă 122

Fasole Bhel încolțită 123

    Ingrediente 123

    Pentru garnitura: 123

    metodă 124

Alo Kachori 125

    Ingrediente 125

    metodă 125

Dieta Doza 127

    Ingrediente 127

    metodă 127

rola de alimentare 129

    Ingrediente 129

    metodă 130

Sabudana Palak Doodhi Uttapam 131

    Ingrediente 131

    metodă 132

Poha 133

    Ingrediente 133

    metodă 134

cotlet de legume 135

    Ingrediente 135

    metodă 136

Soia Uppit 137

Ingrediente 137
metodă 138
hopa 139
Ingrediente 139
metodă 140
Vermicelli Hopa 141
Ingrediente 141
metodă 142
bonda 143
Ingrediente 143
metodă 144
Dhokla instant 145
Ingrediente 145
metodă 146
Dal Maharani 147
Ingrediente 147
metodă 148
Milagu Kuzhambu 149
Ingrediente 149
metodă 150
Dhal Hariyali 151
Ingrediente 151
metodă 152
Dhalcha 153
Ingrediente 153
metodă 154
Tarkari Dhalcha 155

    Ingrediente 155
        metodă 156
Dhokar Dhalna 157
    Ingrediente 157
        metodă 158
Varan 159
    Ingrediente 159
        metodă 159
dragă dhal 160
    Ingrediente 160
        metodă 161
Dhal dulce-acru 162
    Ingrediente 162
        metodă 163
Mung-ni-Dhal 164
    Ingrediente 164
        metodă 165
Dhal cu ceapă și nucă de cocos 166
    Ingrediente 166
        metodă 167
Dahi Kadhi 168
    Ingrediente 168
        metodă 169
dhal spanac 170
    Ingrediente 170
        metodă 171
Tawker Dal 172

Ingrediente 172
metodă 173
Dhal simplu 174
Ingrediente 174
metodă 175
Maa-ki-Dhal 176
Ingrediente 176
metodă 177
Dhansak 178
Ingrediente 178
Pentru amestecul dhal: 178
metodă 179
Masoor Dhal 180
Ingrediente 180
metodă 180
Panchemel Dhal 181
Ingrediente 181
metodă 182
Cholar Dhal 183
Ingrediente 183
metodă 184
Dilpas și Dhal 185
Ingrediente 185
metodă 186
Dal Masoor 187
Ingrediente 187
metodă 188

Dal cu vinete 189
    Ingrediente 189
    metodă 190

Dhal Tadka galben 191
    Ingrediente 191
    metodă 192

Rasam 193
    Ingrediente 193
    Pentru amestecul de condimente: 193
    metodă 194

Doar mung dhal 195
    Ingrediente 195
    metodă 195

Mangusta verde intreaga 196
    Ingrediente 196
    metodă 197

Dahi Kadhi cu Pakoras 198
    Ingrediente 198
    Pentru kadhi: 198
    metodă 199

Dhal dulce de mango necopt 200
    Ingrediente 200
    metodă 201

Malai dhal 202
    Ingrediente 202
    metodă 203

Sambhar 204

Ingrediente 204

Pentru ierburi: 204

metodă 205

Trei Dhal 206

Ingrediente 206

metodă 207

Methi tobe sambhar 208

Ingrediente 208

metodă 209

Dal Shorba 210

Ingrediente 210

metodă 210

Bun mung 211

Ingrediente 211

metodă 212

Masala Toor Dhal 213

Ingrediente 213

metodă 214

Mung Dhal galben uscat 215

Ingrediente 215

metodă 215

Urad întreg 216

Ingrediente 216

metodă 217

Dale Fry 218

Ingrediente 218

metodă 219

Doza imediată

(Crêpă instant de orez)

Face 10-12

Ingrediente

85 g faina de orez

45 g faina integrala de grau

45 g faina alba simpla

25 g gris subțire

60 g mezel*

1 lingurita chimen macinat

4 ardei iute verzi, tocati marunt

2 linguri smantana

Sarat la gust

120 ml ulei vegetal rafinat

metodă

- Amestecați toate ingredientele, cu excepția uleiului, cu suficientă apă pentru a forma un aluat gros, lichid.

- Încinge o tigaie și toarnă în ea o linguriță de ulei. Turnați 2 linguri de aluat și întindeți-l într-o crep cu dosul unei linguri.

- Se fierbe până când fundul este maro. Întoarceți și repetați.

- Scoateți cu grijă cu o spatulă. Repetați procesul pentru aluatul rămas.

- Se serveste fierbinte cu chutney.

Rulouri de cartofi dulci

Face 15-20

Ingrediente

4 cartofi dulci mari, aburiți și piureați

175 g faina de orez

4 linguri de miere

20 de nuci caju, prajite usor si tocate marunt

20 de stafide

Sarat la gust

2 lingurite de seminte de susan

Unt pentru prăjit

metodă

- Se amestecă toate ingredientele, cu excepția ghee-ului și a semințelor de susan.

- Formați bile de mărimea unei nuci și rulați-le în semințe de susan pentru a le acoperi.

- Se încălzește ghee-ul într-o tigaie acoperită. Se prăjesc biluțele la foc mediu până se rumenesc. Se serveste fierbinte.

Clatite cu cartofi

pentru 30

Ingrediente

6 cartofi mari, 3 rasi si 3 fierti si pasati

2 oua

2 linguri faina alba naturala

½ linguriță piper negru proaspăt măcinat

1 ceapa mica, tocata marunt

120 ml lapte

60 ml ulei vegetal rafinat

1 lingurita sare

2 linguri de ulei

metodă

- Amestecă toate ingredientele, cu excepția uleiului, într-un aluat gros.

- Încinge o tigaie plată și toarnă uleiul peste ea. Adăugați 2-4 linguri mari de aluat și întindeți ca o clătită.

- Gătiți la foc mediu timp de 3 până la 4 minute pe fiecare parte, până când clătitele sunt aurii și crocante pe margini.

- Repetați procesul pentru aluatul rămas. Se serveste fierbinte.

Murgh Malay Kebab

(frigarui cremoase de pui)

Face 25-30

Ingrediente

1 lingurita pasta de ghimbir

1 lingurita pasta de usturoi

2 ardei iute verzi

25 g frunze rare de coriandru, tocate mărunt

3 linguri de smântână

1 lingurita faina alba naturala

125 g brânză cheddar rasă

1 lingurita sare

500 g pui dezosat, tocat marunt

metodă

- Se amestecă toate ingredientele, cu excepția puiului.

- Marinați bucățile de pui în amestec timp de 4-6 ore.

- Puneți într-o tigaie și gătiți la 165°C (325°F, marca de gaz 4) până când puiul se rumenește ușor, aproximativ 20-30 de minute.

- Se serveste fierbinte cu chutney de menta

Keema Puffs

(covrigei umpluti cu carne tocata)

inainte de 12

Ingrediente

250 g faina alba simpla

½ lingură sare

½ linguriță de praf de copt

1 lingura unt clarificat

100 ml apă

2 linguri ulei vegetal rafinat

2 cepe medii, tocate mărunt

¾ linguriță de pastă de ghimbir

¾ linguriță de pastă de usturoi

6 ardei iute verzi, tocati marunt

1 rosie mare, tocata marunt

½ linguriță de turmeric

½ linguriță de pudră de chili

1 lingurita garam masala

125 g mazăre congelată

4 linguri de iaurt

2 linguri de apa

50 g frunze de coriandru tocate fin

500 g pui, tăiat în bucăți

metodă

- Se amestecă făina, sarea și praful de copt. Adăugați ghee și apă. Se framanta intr-un aluat. Se lasa sa se odihneasca 30 de minute si se framanta din nou. Pune deoparte.

- Încinge uleiul într-o tigaie. Adăugați ceapa, pasta de ghimbir, pasta de usturoi și ardei iute verzi. Se prăjește timp de 2 minute la foc mediu.

- Adăugați roșiile, turmeric, pudră de chili, garam masala și puțină sare. Se amestecă bine și se fierbe timp de 5 minute, amestecând des.

- Se adauga mazarea, iaurtul, apa, frunzele de coriandru si puiul tocat. Amesteca bine. Gatiti 15 minute, amestecand din cand in cand, pana cand amestecul se usuca. Pune deoparte.

- Întindeți aluatul într-un disc mare. Tăiați într-o formă pătrată și apoi tăiați 12 dreptunghiuri mici din pătrat.

- Așezați amestecul de carne de vită în centrul fiecărui dreptunghi și rulați-l așa cum ați face cu o bucată de hârtie de zahăr.

- Coaceți timp de 10 minute la 175°C (350°F, marca de gaz 4). Se serveste fierbinte.

Ou Pakoda

(gustare ou prajit)

pentru 20

Ingrediente

3 oua, batute

3 felii de pâine, tăiate în sferturi

125 g brânză cheddar rasă

1 ceapa, tocata marunt

3 ardei iute verzi, tocati marunt

1 lingura frunze de coriandru tocate

½ lingurita piper negru macinat

½ linguriță de pudră de chili

Sarat la gust

Ulei vegetal rafinat pentru prajit

metodă

- Se amestecă toate ingredientele, cu excepția uleiului.

- Încinge uleiul într-o tigaie acoperită. Adauga amestecul cu lingura. Se prăjește la foc mediu până se rumenește.

- Scurgeți pe hârtie absorbantă. Se serveste fierbinte.

Doza de ou

(crep cu orez si ou)

Face 12-14

Ingrediente

150 g uradhal*

100 de grame de orez la abur

Sarat la gust

4 oua batute

Piper negru măcinat după gust

25 g ceapa subtire, tocata marunt

2 linguri frunze de coriandru tocate

1 lingura ulei vegetal rafinat

1 lingura de unt

metodă

- Înmuiați dhal și orez împreună timp de 4 ore. Se sare si se macina intr-un aluat gros. Lăsați-l să fermenteze peste noapte.

- Se unge și se încălzește o tigaie plată. Întindeți peste el 2 linguri de aluat.

- Turnați 3 linguri de ou peste aluat. Se presară cu piper, ceapă și frunze de coriandru. Ungeți puțin ulei pe margini și prăjiți timp de 2 minute. Întoarceți cu grijă și gătiți încă 2 minute.

- Repetați pentru restul aluatului. Pune o bucată de unt pe fiecare doză și servește fierbinte cu chutney de nucă de cocos

Khasta Kachori

(găluşte de linte prăjite picante)

Pentru 12-15

Ingrediente

200 g / 7 oz ulei de măsline extravirgin*

300 g faina alba simpla

Sarat la gust

200 ml apă

2 linguri ulei vegetal rafinat plus pentru prajit

Un praf de asafoetida

225 g mung dhal*, se înmoaie timp de o oră şi se scurg

1 lingurita turmeric

1 lingurita coriandru macinat

4 linguriţe de seminţe de fenicul

2-3 cuişoare

1 lingura frunze de coriandru tocate marunt

3 ardei iute verzi, tocati marunt

2,5 cm radacina de ghimbir, tocata marunt

1 lingura frunze de menta tocate marunt

¼ linguriță de pudră de chili

1 lingurita amchoor*

metodă

- Amesteca faina, faina si putina sare cu apa cat sa formeze un aluat ferm. Pune deoparte.

- Încinge uleiul într-o tigaie. Adăugați asafoetida și lăsați-o să trosnească timp de 15 secunde. Adăugați dhal și prăjiți timp de 5 minute la foc mediu.

- Adauga turmericul, coriandru macinat, seminte de fenicul, cuisoare, frunze de coriandru, ardei iute verzi, ghimbir, frunze de menta, pudra de ardei iute si amboor. Se amestecă bine și se fierbe timp de 10-12 minute. Pune deoparte.

- Împărțiți aluatul în bile de mărimea unei lămâi. Se aplatizează și se întinde în discuri mici de 12,5 cm în diametru.

- Pune o lingură de amestec de dhal în centrul fiecărei felii. Sigilați ca o pungă și aplatizați în puri. Pune deoparte.

- Încinge uleiul într-o tigaie. Prăjiți purisul până când cresc.

- Se serveste fierbinte cu chutney de nuca de cocos verde

Leguminoase amestecate dhokla

(Prăjitură amestecată cu leguminoase la abur)

pentru 20

Ingrediente

125 g fasole mung intreaga*

125 g Kaala Chana*

60g / 2oz gram turcesc

50 g mazăre uscată

75 g fasole urad*

2 lingurite ardei iute verzi

Sarat la gust

metodă

- Înmuiați fasole mung, kaala chana, năut turcesc și mazăre uscată împreună. Înmuiați fasolea urad separat. Se lasa sa se odihneasca 6 ore.

- Măcinați toate ingredientele de înmuiere împreună într-un aluat gros. Fermentați timp de 6 ore.

- Adăugați ardei iute verzi și sare. Se amestecă bine, se toarnă într-o formă rotundă de 20 cm și se fierbe la abur timp de 10 minute.

- Tăiați în formă de diamant. Serviți cu chutney de mentă

Frankie

Face 10-12

Ingrediente

1 lingurita chaat masala*

½ linguriță garam masala

½ linguriță de chimen măcinat

4 cartofi mari, fierți și piureați

Sarat la gust

10-12 chapatis

Ulei vegetal rafinat pentru ungere

2-3 ardei iute verzi, tocati marunt si inmuiati in otet alb

2 linguri frunze de coriandru tocate marunt

1 ceapa, tocata marunt

metodă

- Combinați chaat masala, garam masala, chimenul măcinat, cartofii și sarea. Se amestecă bine și se lasă deoparte.

- Încinge o tigaie și pune pe ea un chapatti.

- Stropiți puțin ulei peste chapattis și prăjiți-le pe o parte. Repetați pentru cealaltă parte.

- Întindeți un strat din amestecul de cartofi uniform peste chapatis fierbinte.

- Stropiți cu niște ardei iute verzi, frunze de coriandru și ceapă.

- Rulați chapatis astfel încât amestecul de cartofi să fie înăuntru.

- Prăjiți rulada uscată într-o tigaie până se rumenește și serviți fierbinte.

Deliciul cu brânză Besan

pentru 25

Ingrediente

2 oua

250 g branza cheddar, rasa

1 lingurita piper negru macinat

1 lingurita mustar macinat

½ linguriță de pudră de chili

60 ml ulei vegetal rafinat

Pentru amestecul de fasole:

50 g gris prăjit uscat

375 g / 13 oz mezel*

200 g varză, rasă

1 lingurita pasta de ghimbir

1 lingurita pasta de usturoi

Un praf de praf de copt

Sarat la gust

metodă

- Bate bine 1 ou. Adăugaţi brânză cheddar, piper, muştar măcinat şi praf de chili. Se amestecă bine şi se lasă deoparte.

- Amestecaţi ingredientele pentru amestecul de fasole. Se toarnă într-o formă rotundă de 20 cm şi se fierbe la abur timp de 20 de minute. După ce se răceşte, se taie în 25 de bucăţi şi se împarte amestecul de ouă şi brânză între fiecare.

- Încinge uleiul într-o tigaie. Prăjiţi bucăţile la foc mediu până se rumenesc. Se serveste fierbinte cu chutney de nuca de cocos verde

Chile idli

Pentru 4 persoane

Ingrediente

3 linguri ulei vegetal rafinat

1 linguriță de semințe de muștar

1 ceapă mică, tăiată felii

½ linguriță garam masala

1 lingura ketchup

4 idlis tocate

Sarat la gust

2 linguri frunze de coriandru

metodă

- Încinge uleiul într-o tigaie. Adăugați semințele de muștar. Lasă-le să trosnească timp de 15 secunde.

- Adăugați toate ingredientele rămase, cu excepția frunzelor de coriandru. Amesteca bine.

- Gatiti la foc mediu timp de 4-5 minute, amestecand usor. Se ornează cu frunze de coriandru. Se serveste fierbinte.

Mușcături de spanac

pentru 10

Ingrediente

2 linguri de unt

10 felii de pâine, tăiate în sferturi

2 linguri de unt clarificat

1 ceapa, tocata marunt

300 g spanac, tocat mărunt

Sarat la gust

125 g branza de capra, scursa

4 linguri de brânză cheddar rasă

metodă

- Ungeți ambele părți ale bucăților de pâine și coaceți în cuptorul preîncălzit la 200°C (400°F, marcajul de gaz 6) timp de 7 minute. Pune deoparte.

- Încinge ghee-ul într-o tigaie. Prăjiți ceapa până se rumenește. Adăugați spanacul și sare. Lasam la fiert 5 minute. Adăugați brânza de capră și amestecați bine.

- Împărțiți amestecul de spanac peste bucățile de pâine prăjită. Stropiți cu niște brânză cheddar rasă și coaceți la 130°C (250°F, marca de gaz ½) până când brânza se topește. Se serveste fierbinte.

Paushtik Chaat

(gustare sănătoasă)

Pentru 4 persoane

Ingrediente

3 lingurite ulei vegetal rafinat

½ linguriță de semințe de chimen

1 inch rădăcină de ghimbir, tocată

1 cartof mic, fiert și tăiat în bucăți

1 lingurita garam masala

Sarat la gust

Piper negru măcinat după gust

250 g fasole mung, fiartă

300 g fasole borlotti la conserva

300 g naut la conserva

10 g frunze de coriandru tocate

1 lingurita suc de lamaie

metodă

- Încinge uleiul într-o tigaie. Adăugați semințele de chimen. Lasă-le să trosnească timp de 15 secunde.
- Adăugați ghimbir, cartofi, garam masala, sare și piper. Gatiti la foc mediu timp de 3 minute. Adăugați fasole mung, fasole roșie și năut. Gatiti la foc mediu timp de 8 minute.
- Se ornează cu frunze de coriandru și suc de lămâie. Se serveste rece.

sarmale

Pentru 4 persoane

Ingrediente

1 lingura faina alba naturala

3 linguri de apă

Sarat la gust

2 linguri ulei vegetal rafinat plus pentru prajit

1 lingurita de seminte de chimen

100 g legume mixte congelate

1 lingura smantana lichida

2 linguri de pesmet*

¼ linguriță de turmeric

1 lingurita pudra de chili

1 lingurita coriandru macinat

1 lingurita chimen macinat

8 frunze mari de varza, inmuiate in apa fierbinte 2-3 minute si scurse

metodă

- Se amestecă făina, apa și sarea pentru a forma o pastă groasă. Pune deoparte.
- Încinge uleiul într-o tigaie. Adăugați semințele de chimen și lăsați-le să trosnească timp de 15 secunde. Adăugați toate ingredientele rămase, cu excepția frunzelor de varză. Gatiti la foc mediu 2-3 minute, amestecand des.
- Pune o lingură din acest amestec în centrul fiecărei frunze de varză. Îndoiți frunzele închise și sigilați capetele cu pasta de flori.
- Încinge uleiul într-o tigaie acoperită. Înmuiați sarmale în aluat de făină și prăjiți. Se serveste fierbinte.

pâine cu roșii

pentru 4

Ingrediente

1 1/2 linguri de ulei vegetal rafinat

150 de grame de piure de roșii

3-4 frunze de curry

2 ardei iute verzi, tocati marunt

Sarat la gust

2 cartofi mari, fierti si feliati

6 felii de paine, tocate

10 g frunze de coriandru tocate

metodă

- Încinge uleiul într-o tigaie. Adăugați pasta de roșii, frunze de curry, ardei iute și sare. Lasam la fiert 5 minute.
- Adăugați cartofi și pâine. Lasă să fiarbă 5 minute.
- Se ornează cu frunze de coriandru. Se serveste fierbinte.

Chirtărițe de porumb și brânză

Face 8-10

Ingrediente

200 de grame de porumb dulce

250 de grame de mozzarella rasa

4 cartofi mari, fierți și piureați

2 ardei iute verzi, tocati marunt

2,5 cm radacina de ghimbir, tocata marunt

1 lingura frunze de coriandru tocate

1 lingurita suc de lamaie

50 de grame de pesmet

Sarat la gust

Ulei vegetal rafinat pentru prajit

50 de grame de gris

metodă

- Amestecă toate ingredientele, cu excepția uleiului și grisului, într-un castron. Împărțiți în 8-10 bile.
- Încinge uleiul într-o tigaie. Se rulează bilutele în gris și se prăjesc la foc mediu până se rumenesc. Se serveste fierbinte.

Fulgi de porumb Chivda

(gustare din fulgi de porumb prajiti)

Produce 500g / 1lb 2oz

Ingrediente

250 de grame de arahide

150 g chana dhal*

100 de grame de stafide

125 de grame de nuci caju

200 de grame de fulgi de porumb

60 ml ulei vegetal rafinat

7 ardei iute verzi, feliați

25 de frunze de curry

½ linguriță de turmeric

2 lingurite de zahar

Sarat la gust

metodă

- Arahide prăjite uscate, chana dhal, stafide, nuci caju şi fulgi de porumb până devin crocante. Pune deoparte.
- Încinge uleiul într-o tigaie. Adăugaţi ardei iute verzi, frunze de curry şi turmeric. Gatiti la foc mediu timp de un minut.
- Adăugaţi zahăr, sare şi toate ingredientele prăjite. Se prăjeşte 2-3 minute în timp ce se amestecă.
- Lăsaţi să se răcească şi păstraţi într-un recipient ermetic până la 8 zile.

rulada de nuci

Pentru 20-25

Ingrediente

140 g faina alba simpla

240 ml lapte

1 lingura de unt

Sarat la gust

Piper negru măcinat după gust

½ lingurita frunze de coriandru tocate marunt

3-4 linguri de brânză cheddar rasă

¼ lingurita de nucsoara, rasa

125 g nuci caju, măcinate grosier

125 g alune, măcinate grosier

50 de grame de pesmet

Ulei vegetal rafinat pentru prajit

metodă

- Se amestecă 85 g făină cu laptele într-o cratiță. Adaugati untul si gatiti amestecul la foc mic, amestecand continuu, pana se ingroasa.
- Adăugați sare și piper. Lăsați amestecul să se răcească timp de 20 de minute.
- Adăugați frunzele de coriandru, brânza cheddar, nucșoară, caju și alune. Amesteca bine. Pune deoparte.
- Presărați jumătate din pesmet pe o farfurie.
- Puneti lingurite din amestecul de faina pe pesmet si formati rulouri. Pune deoparte.
- Făina rămasă se amestecă cu suficientă apă pentru a forma un aluat subțire. Înmuiați rulourile în aluat și rulați-le din nou în pesmet.
- Încinge uleiul într-o tigaie. Prăjiți rulourile la foc mediu până se rumenesc.
- Serviți fierbinte cu ketchup sau chutney de nucă de cocos verde

Sarmale cu carne tocată

inainte de 12

Ingrediente

1 lingura ulei vegetal rafinat plus extra pentru prajit

2 cepe, tocate mărunt

2 rosii, tocate marunt

½ lingurita pasta de ghimbir

½ lingură de pastă de usturoi

2 ardei iute verzi, feliati

½ linguriță de turmeric

½ linguriță de pudră de chili

¼ lingurita piper negru macinat

500 g pui, tăiat în bucăți

200 g mazăre congelată

2 cartofi mici, taiati cubulete

1 morcov mare, tăiat cubulețe

Sarat la gust

25 g frunze rare de coriandru, tocate mărunt

12 frunze mari de varză, albite

2 oua batute

metodă

- Încinge 1 lingură de ulei într-o tigaie. Prăjiți ceapa până devine translucidă.
- Adăugați roșii, pasta de ghimbir, pasta de usturoi, ardei iute verde, turmeric, praf de ardei iute și ardei. Se amestecă bine și se prăjește 2 minute la foc mediu.
- Se adauga puiul macinat, mazarea, cartofii, morcovii, sarea si frunzele de coriandru. Se fierbe timp de 20-30 de minute, amestecând din când în când. Dați amestecul la rece timp de 20 de minute.
- Puneti linguri de amestec tocat intr-o frunza de varza si rulati. Repetați procesul pentru frunzele rămase. Asigurați rulourile cu o scobitoare.
- Încinge uleiul într-o tigaie. Înmuiați rulourile în ou, acoperiți-le cu pesmet și prăjiți până se rumenesc.
- Scurgeți și serviți cald.

pav bhaji

(legume picante cu paine)

Pentru 4 persoane

Ingrediente

2 cartofi mari, fierti

200 g legume mixte congelate (ardei, morcovi, conopida si mazare)

2 linguri de unt

1 ½ linguriță de pastă de usturoi

2 cepe mari, ras

4 rosii mari, tocate

250 ml apă

2 lingurițe de Pav Bhaji Masala*

1½ linguriță de pudră de chili

¼ linguriță de turmeric

suc de 1 lămâie

Sarat la gust

1 lingura frunze de coriandru tocate

unt pentru prăjit

4 chifle de hamburger, tăiate la jumătate

1 ceapa mare, tocata marunt

felii de lamaie

metodă

- Pasează bine legumele. Pune deoparte.
- Se încălzeşte untul într-o tigaie. Adăugaţi pasta de usturoi şi ceapa şi prăjiţi până ce ceapa devine maro aurie. Adăugaţi roşiile şi gătiţi timp de 10 minute la foc mediu, amestecând din când în când.
- Adăugaţi legumele pasate, apa, pav bhaji masala, pudra de chili, turmeric, zeama de lămâie şi sare. Se fierbe până când sosul este gros. Se amestecă şi se fierbe timp de 3-4 minute, amestecând continuu. Se presară peste el frunzele de coriandru şi se amestecă bine. Pune deoparte.
- Încinge o tigaie plată. Ungeţi puţin unt pe el şi prăjiţi chiflele de burger până devin crocante pe ambele părţi.
- Serviţi amestecul de legume fierbinte cu sandvişurile, cu ceapa şi feliile de lămâie ca garnitură.

cotlet de soia

pentru 10

Ingrediente

300 g mung dhal*înmuiați timp de 4 ore

Sarat la gust

400 g granule de soia, înmuiate în apă caldă timp de 15 minute

1 ceapa mare, tocata marunt

2-3 ardei iute verzi, tocati marunt

1 lingurita amchoor*

1 lingurita garam masala

2 linguri frunze de coriandru tocate

150 g pesmet*sau tofu, ras

Ulei vegetal rafinat pentru prajit

metodă

- Nu scurgeți dhal-ul. Adăugați sarea și gătiți într-o tigaie la foc mediu timp de 40 de minute. Pune deoparte.
- Scurgeți granulele de soia. Se amestecă cu dhal și se pisează într-o pastă groasă.

- Amestecă această pastă într-o tigaie antiaderentă cu toate celelalte ingrediente, cu excepția uleiului. Se fierbe până se usucă.
- Împărțiți amestecul în bile de mărimea unei lămâi și modelați în cotlet.
- Încinge uleiul într-o tigaie. Prăjiți șnițelele până se rumenesc.
- Se serveste fierbinte cu chutney de menta

Porumb Bhel

(Gustare de porumb picant)

Pentru 4 persoane

Ingrediente

200 g boabe de porumb fierte

100 g ceapa primavara, tocata marunt

1 cartof, fiert, curatat de coaja si tocat marunt

1 rosie, tocata marunt

1 castravete, tocat fin

10 g frunze de coriandru tocate

1 lingurita chaat masala*

2 lingurite suc de lamaie

1 lingură chutney de mentă

Sarat la gust

metodă

- Amestecă bine toate ingredientele într-un bol.
- Serviți imediat.

Methi Gota

(Galuste cu schinduf prajite)

pentru 20

Ingrediente

500g / 1lb 2oz mezel*

45 g faina integrala de grau

125 g iaurt

4 linguri ulei vegetal rafinat plus extra pentru prajit

2 lingurite de praf de copt

50 g frunze proaspete de schinduf, tocate mărunt

50 g frunze de coriandru tocate fin

1 banană coaptă, curăţată şi pasată

1 lingura de seminte de coriandru

10-15 boabe de piper negru

2 ardei iute verzi

½ lingurita pasta de ghimbir

½ linguriță garam masala

Un praf de asafoetida

1 lingurita pudra de chili

Sarat la gust

metodă

- Amestecați faina, făina și iaurtul.
- Adăugați 2 linguri de ulei și praf de copt. Se lasa la fermentat 2-3 ore.
- Adăugați toate celelalte ingrediente, cu excepția uleiului. Se amestecă bine până se formează un aluat gros.
- Încinge 2 linguri de ulei și adaugă la aluat. Se amestecă bine și se lasă să se odihnească 5 minute.
- Încinge uleiul rămas într-o tigaie. Puneți bile mici din aluat în ulei și prăjiți până se rumenesc.
- Scurgeți pe hârtie absorbantă. Se serveste fierbinte.

Ili

(tort de orez la abur)

Pentru 4 persoane

Ingrediente

500 g orez, înmuiat peste noapte

300 g uradhal*, înmuiați peste noapte

1 lingura sare

Un praf de praf de copt

Ulei vegetal rafinat pentru ungere

metodă

- Scurgeți orezul și dhal și măcinați-le fin.
- Adăugați sare și praful de copt. Se lasa la fermentat 8-9 ore.
- Unge formele de cupcake. Se toarnă amestecul de orez-dhal, astfel încât să fie pe jumătate pline. Se fierbe la abur timp de 10-12 minute.
- Dezgropați idlis-urile. Se serveste fierbinte cu chutney de cocos

IDli plus

(Prăjitură de orez la abur cu ierburi)

Pentru 6 persoane

Ingrediente

500 g orez, înmuiat peste noapte

300 g uradhal*, înmuiați peste noapte

1 lingura sare

¼ linguriță de turmeric

1 lingura zahar granulat

Sarat la gust

1 lingura ulei vegetal rafinat

½ linguriță de semințe de chimen

½ linguriță de semințe de muștar

metodă

- Scurgeți orezul și dhal și măcinați-le fin.
- Se adauga sare si se lasa la fermentat 8-9 ore.
- Adăugați turmeric, zahăr și sare. Se amestecă bine și se lasă deoparte.
- Încinge uleiul într-o tigaie. Se adauga chimen si seminte de mustar. Lasă-le să trosnească timp de 15 secunde.
- Adăugați amestecul de orez-dhal. Acoperiți cu un capac și gătiți timp de 10 minute.
- Acoperiți și aruncați amestecul. Se acoperă din nou și se fierbe timp de 5 minute.
- Înțepați idli-ul cu o furculiță. Daca furca iese curata, idli-ul este gata.
- Tăiați în bucăți și serviți cald cu chutney de nucă de cocos

Sandviș Masala

pentru 6

Ingrediente

2 lingurite ulei vegetal rafinat

1 ceapa mica, tocata marunt

¼ linguriță de turmeric

1 rosie mare, tocata marunt

1 cartof mare, fiert și piure

1 lingura mazare fiarta

1 lingurita chaat masala*

Sarat la gust

10 g frunze de coriandru tocate

50 de grame de unt

12 felii de pâine

metodă

- Încinge uleiul într-o tigaie. Adăugați ceapa și prăjiți până devine translucid.
- Adăugați turmeric și roșii. Se prăjește la foc mediu timp de 2-3 minute.
- Adăugați cartofi, mazăre, chaat masala, sare și frunze de coriandru. Se amestecă bine și se fierbe la foc mic timp de un minut. Pune deoparte.
- Ungeți feliile de pâine cu unt. Împărțiți un strat de amestec de legume în șase felii. Acoperiți cu feliile rămase și puneți la grătar timp de 10 minute. Întoarceți și grătar din nou timp de 5 minute. Se serveste fierbinte.

frigarui de menta

pentru 8

Ingrediente

10 g frunze de menta tocate marunt

500 g branza de capra, scursa

2 lingurite faina de porumb

10 nuci caju, tocate grosier

½ lingurita piper negru macinat

1 lingurita amchoor*

Sarat la gust

Ulei vegetal rafinat pentru prajit

metodă

- Se amestecă toate ingredientele, cu excepția uleiului. Frământați până obțineți un aluat moale, dar compact. Împărțiți în 8 bile de mărimea unei lămâi și faceți piure.
- Încinge uleiul într-o tigaie. Prăjiți frigăruile la foc mediu până se rumenesc.
- Se serveste fierbinte cu chutney de menta

Sevia Upma Legume

(gustări de vermicelli de legume)

Pentru 4 persoane

Ingrediente

5 linguri ulei vegetal rafinat

1 ardei verde mare, tocat marunt

¼ de linguriță de semințe de muștar

2 ardei iute verzi, tăiați pe lungime

200 g vermicelli

8 frunze de curry

Sarat la gust

Un praf de asafoetida

50 g fasole verde, tocata marunt

1 morcov, tocat fin

50 g mazăre congelată

1 ceapa mare, tocata marunt

25 g frunze rare de coriandru, tocate mărunt

suc de 1 lamaie (optional)

metodă

- Încinge 2 linguri de ulei într-o tigaie. Prăjiți ardeii verzi timp de 2-3 minute. Pune deoparte.
- Încinge 2 linguri de ulei într-o altă tigaie. Adăugați semințele de muștar. Lasă-le să trosnească timp de 15 secunde.
- Adăugați ardei iute verzi și vermicelli. Gatiti la foc mediu timp de 1-2 minute, amestecand din cand in cand. Adăugați frunze de curry, sare și asafoetida.
- Se umezește cu puțină apă și se adaugă ardeii verzi prăjiți, fasolea verde, morcovul, mazărea și ceapa. Se amestecă bine și se fierbe la foc mediu timp de 3-4 minute.
- Acoperiți cu un capac și gătiți încă un minut.
- Stropiți cu frunze de coriandru și suc de lămâie. Se serveste fierbinte cu chutney de cocos

Bhel

(gustare cu orez umflat)

Pentru 4-6 persoane

Ingrediente

2 cartofi mari, fierti si taiati cubulete

2 cepe mari, tocate mărunt

125 g alune prăjite

2 linguri de chimion macinat, prajit uscat

300 g/10 oz amestec Bhel

250 g chutney de mango cald și dulce

60 g chutney de mentă

Sarat la gust

25 g frunze de coriandru rămase, tocate

metodă

- Aruncați cartofii, ceapa, alunele și chimenul măcinat în amestecul de bhel. Adăugați ambele chutneys și sare. Se amestecă pentru a amesteca.
- Terminați cu frunzele de coriandru. Serviți imediat.

Sabudana Khichdi

(Gustare de sago cu cartofi și alune)

Pentru 6 persoane

Ingrediente

300 de grame de sago

250 ml apă

250 g alune, măcinate grosier

Sarat la gust

2 lingurite de zahar granulat

25 g frunze de coriandru rămase, tocate

2 linguri ulei vegetal rafinat

1 lingurita de seminte de chimen

5-6 ardei iute verzi, tocati marunt

100 g cartofi fierti si tocati

metodă

- Înmuiați sago în apă peste noapte. Adăugați arahide, sare, zahăr granulat și frunze de coriandru și amestecați bine. Pune deoparte.
- Încinge uleiul într-o tigaie. Adăugați chimen și ardei iute verzi. Gatiti aproximativ 30 de secunde.
- Adăugați cartofii și prăjiți 1-2 minute la foc mediu.
- Adăugați amestecul de sago. Se amestecă și se amestecă bine.
- Acoperiți cu un capac și fierbeți timp de 2-3 minute. Se serveste fierbinte.

Dhokla ușor

(tort simplu aburit)

pentru 25

Ingrediente

250 g chana dhal*, se înmoaie peste noapte și se scurge

2 ardei iute verzi

1 lingurita pasta de ghimbir

Un praf de asafoetida

½ linguriță de praf de copt

Sarat la gust

2 linguri ulei vegetal rafinat

½ linguriță de semințe de muștar

4-5 frunze de curry

4 linguri nuca de cocos proaspata, rasa

10 g frunze de coriandru tocate

metodă

- Măcinați dhal-ul într-o pastă grosieră. Se lasă la infuzat timp de 6-8 ore.
- Adauga ardei iute verde, pasta de ghimbir, asafoetida, bicarbonat de sodiu, sare, 1 lingura de ulei si putina apa. Amesteca bine.
- Se unge o forma rotunda de tort (20 cm) si se umple cu aluat.
- Se fierbe la abur timp de 10-12 minute. Pune deoparte.
- Încinge uleiul rămas într-o tigaie. Adăugați semințele de muștar și frunzele de curry. Lasă-le să trosnească timp de 15 secunde.
- Se toarnă pe dhoklas. Se ornează cu nucă de cocos și frunze de coriandru. Tăiați în bucăți și serviți fierbinte.

Cartofi Jaldi

Pentru 4 persoane

Ingrediente

2 lingurite ulei vegetal rafinat

1 lingurita de seminte de chimen

1 ardei verde, tocat

½ lingurita sare neagra

1 lingurita amchoor*

1 lingurita coriandru macinat

4 cartofi mari, fierti si taiati cubulete

2 linguri frunze de coriandru tocate

metodă

- Încinge uleiul într-o tigaie. Adăugați semințele de chimen și lăsați-le să trosnească timp de 15 secunde.
- Adăugați toate celelalte ingrediente. Amesteca bine. Se fierbe timp de 3-4 minute. Se serveste fierbinte.

Dhokla Orange

(tort cu portocale la abur)

pentru 25

Ingrediente

50 de grame de gris

250 g / 9 oz mezel*

250 ml smantana

Sarat la gust

100 ml apă

4 catei de usturoi

1 cm rădăcină de ghimbir

3-4 ardei iute verzi

100 g morcovi rasi

¾ lingurita de praf de copt

¼ linguriță de turmeric

Ulei vegetal rafinat pentru ungere

1 linguriță de semințe de muștar

10-12 frunze de curry

50 de grame de nucă de cocos rasă

25 g frunze rare de coriandru, tocate mărunt

metodă

- Amesteca grisul, besanul, smantana, sarea si apa. Se da deoparte la fermentat peste noapte.
- Măcinați usturoiul, ghimbirul și chiliul împreună.
- Adăugați în aluatul fermentat împreună cu morcovul, praful de copt și turmeric. Amesteca bine.
- Unge o forma rotunda de tort (20 cm) cu putin ulei. Se toarnă aluatul. Se fierbe la abur timp de aproximativ 20 de minute. Se lasa sa se raceasca si se taie bucatele.
- Încinge puțin ulei într-o cratiță. Adăugați semințele de muștar și frunzele de curry. Prăjiți-le timp de 30 de secunde. Se toarnă peste bucățile de dhokla.
- Se ornează cu nucă de cocos și frunze de coriandru. Se serveste fierbinte.

Varză de Muthia

(Crochete de varză la abur)

Pentru 4 persoane

Ingrediente

250 g faina integrala

100 de grame de varză tocată

½ lingurita pasta de ghimbir

½ lingurita pasta de usturoi

Sarat la gust

2 lingurite de zahar

1 lingura suc de lamaie

2 linguri ulei vegetal rafinat

1 linguriță de semințe de muștar

1 lingura frunze de coriandru tocate

metodă

- Combinați făina, varza, pasta de ghimbir, pasta de usturoi, sarea, zahărul, zeama de lămâie și 1 lingură ulei. Se framanta pana se formeaza un aluat flexibil.
- Formați aluatul în 2 rulouri lungi. Se fierbe la abur timp de 15 minute. Se lasa sa se raceasca si se taie in felii. Pune deoparte.
- Încinge uleiul rămas într-o tigaie. Adăugați semințele de muștar. Lasă-le să trosnească timp de 15 secunde.
- Adăugați rulourile feliate și prăjiți la foc mediu până se rumenesc. Se ornează cu frunze de coriandru și se servește fierbinte.

Rava Dhokla

(tort cu gris la abur)

Face 15-18

Ingrediente

200 de grame de gris

240 ml smantana

2 lingurite ardei iute verzi

Sarat la gust

1 lingurita pudra de ardei rosu

1 lingurita piper negru macinat

metodă

- Se amestecă grisul și smântâna. Se lasa la fermentat 5-6 ore.
- Adăugați ardei iute verzi și sare. Amesteca bine.
- Se toarnă amestecul de gris într-o formă rotundă de tort de 20 cm. Se presară cu pudră de chili și piper. Se fierbe la abur timp de 10 minute.
- Tăiați în bucăți și serviți cald cu chutney de mentă

Chapati Upma

(gustare rapidă Chapatti)

Pentru 4 persoane

Ingrediente

6 chapatis rămase, rupte în bucăți mici

2 linguri ulei vegetal rafinat

¼ de linguriță de semințe de muștar

10-12 frunze de curry

1 ceapa medie, tocata

2-3 ardei iute verzi, tocati marunt

¼ linguriță de turmeric

suc de 1 lămâie

1 lingurita de zahar

Sarat la gust

10 g frunze de coriandru tocate

metodă

- Încinge uleiul într-o tigaie. Adăugați semințele de muștar. Lasă-le să trosnească timp de 15 secunde.
- Adăugați frunze de curry, ceapă, ardei iute și turmeric. Se prăjește la foc mediu până când ceapa devine maro deschis. Adăugați chapatis.
- Stropiți cu suc de lămâie, zahăr și sare. Se amestecă bine și se fierbe la foc mediu timp de 5 minute. Se ornează cu frunze de coriandru și se servește fierbinte.

Mung Dhokla

(tort de mangusta aburit)

Este vreo 20

Ingrediente

250 g mung dhal*Înmuiați timp de 2 ore

150 ml smantana

2 linguri de apa

Sarat la gust

2 morcovi rasi sau 25 g varza rasa

metodă

- Scurgeți dhal-ul și măcinați-l fin.
- Se adauga smantana si apa si se lasa la fermentat 6 ore. Se adauga sarea si se amesteca bine pana se formeaza aluatul.
- Ungeți o formă rotundă de tort (20 cm diametru) și turnați aluatul în ea. Se presară morcovi sau varză. Se fierbe la abur timp de 7-10 minute.
- Tăiați în bucăți și serviți cu chutney de mentă

Cotlet de carne de Mughlai

(Cotletă bogată de carne)

inainte de 12

Ingrediente

1 lingurita pasta de ghimbir

1 lingurita pasta de usturoi

Sarat la gust

500 g miel dezosat, tăiat în bucăți

240 ml apă

1 lingura chimen macinat

¼ linguriță de turmeric

Ulei vegetal rafinat pentru prajit

2 oua batute

50 de grame de pesmet

metodă

- Se amestecă pasta de ghimbir, pasta de usturoi și sarea. Marinați mielul în acest amestec timp de 2 ore.
- Gatiti mielul intr-o tigaie cu apa la foc mediu pana este gata. Rezervați bulionul și lăsați mielul deoparte.
- Adăugați chimen și turmeric în bulion. Amesteca bine.
- Se toarnă bulionul într-o cratiță și se fierbe până când apa se evaporă. Marinați din nou mielul în acest amestec timp de 30 de minute.
- Încinge uleiul într-o tigaie. Înmuiați fiecare pulpă de miel în ou bătut, rulați în pesmet și prăjiți până se rumenește. Se serveste fierbinte.

Masala Vada

(găluște prăjite picante)

pentru 15

Ingrediente

300 g Chana dhal*Înmuiați în 500 ml apă timp de 3-4 ore

50 g ceapa, tocata marunt

25 g frunze de coriandru rămase, tocate

25 g frunze subtiri de marar, tocate marunt

½ linguriță de semințe de chimen

Sarat la gust

3 linguri ulei vegetal rafinat plus extra pentru prajit

metodă

- Se macină dhal grosier. Se amestecă toate ingredientele, cu excepția uleiului.
- Adăugați 3 linguri de ulei la amestecul de dhal. Faceți chiftele rotunde, plate.
- Încinge uleiul rămas într-o tigaie antiaderentă. Prăjiți chiftelele. Se serveste fierbinte.

Varza Chivda

(gustare cu varza si orez batut)

Pentru 4 persoane

Ingrediente

100 g varză, tocată mărunt

Sarat la gust

3 linguri ulei vegetal rafinat

125 g alune

150 g chana dhal*, Carne fripta

1 linguriță de semințe de muștar

Un praf de asafoetida

200 g Poha*înmuiat în apă

1 lingurita pasta de ghimbir

4 lingurite de zahar

1 1/2 linguri de suc de lamaie

25 g frunze de coriandru rămase, tocate

metodă

- Se amestecă varza cu sarea și se lasă să se odihnească 10 minute.
- Încinge 1 lingură de ulei într-o tigaie antiaderentă. Prăjiți arahide și chana dhal timp de 2 minute la foc mediu. Scurgeți și puneți deoparte.
- Încinge uleiul rămas într-o tigaie antiaderentă. Se prajesc semintele de mustar, asafoetida si varza timp de 2 minute. Stropiți puțină apă peste el, acoperiți tigaia și fierbeți timp de 5 minute. Adăugați poha, pasta de ghimbir, zahăr, suc de lămâie și sare. Se amestecă bine și se fierbe timp de 10 minute.
- Se ornează cu frunze de coriandru, alune prăjite și dhal. Se serveste fierbinte.

Pâine Besan Bhajji

(gustare din pâine și făină de năut)

pentru 32

Ingrediente

175 g / 6 oz mezel*

1250 ml apă

½ linguriță de semințe de ajwain

Sarat la gust

Ulei vegetal rafinat pentru prajit

8 felii de pâine, tăiate la jumătate

metodă

- Faceți un aluat gros amestecând besanul cu apă. Adăugați semințele de ajwain și sare. Bate bine.
- Încinge uleiul într-o tigaie acoperită. Înmuiați bucățile de pâine în aluat și prăjiți până se rumenesc. Se serveste fierbinte.

Methi Seekh Kebab

(frigarui de menta cu frunze de schinduf)

Face 8-10

Ingrediente

100 g frunze de schinduf tocate

3 cartofi mari, fierți și piureați

1 lingurita pasta de ghimbir

1 lingurita pasta de usturoi

4 ardei iute verzi, tocati marunt

1 lingurita chimen macinat

1 lingurita coriandru macinat

½ linguriță garam masala

Sarat la gust

2 linguri de pesmet

Ulei vegetal rafinat pentru ungere

metodă

- Se amestecă toate ingredientele, cu excepția uleiului. forma chiftelelor.

- Se frigarui si se fierbe pe un gratar cu carbune, se stropesc cu ulei si se intoarce din cand in cand. Se serveste fierbinte.

Jhinga Hariyali

(Creveți verzi)

pentru 20

Ingrediente

Sarat la gust

suc de 1 lămâie

20 de creveți, curățați și decojiți (ține coada)

75 g frunze de menta tocate marunt

75 g frunze de coriandru tocate

1 lingurita pasta de ghimbir

1 lingurita pasta de usturoi

Un praf de garam masala

1 lingura ulei vegetal rafinat

1 ceapă mică, tăiată felii

metodă

- Ungeți creveții cu sare și zeamă de lămâie. Se lasa sa se odihneasca 20 de minute.
- Se macină 50 g frunze de mentă, 50 g frunze de coriandru, pasta de ghimbir, pasta de usturoi și garam masala.
- Adăugați la creveți și lăsați să stea timp de 30 de minute. Stropiți ulei peste el.
- Frigară creveții și gătiți pe un grătar cu cărbune, întorcându-le din când în când.
- Se ornează cu restul de frunze de coriandru și mentă și ceapa tăiată felii. Se serveste fierbinte.

Methi Adai

(crep cu schinduf)

Face 20-22

Ingrediente

100 de grame de orez

100 g / 3½ oz Urad Dhal*

100 g mung dhal*

100 g Chana dhal*

100 de grame masoor dhal*

Un praf de asafoetida

6-7 frunze de curry

Sarat la gust

50 g frunze proaspete de schinduf, tocate

Ulei vegetal rafinat pentru ungere

metodă

- Înmuiați orezul și dhal împreună timp de 3-4 ore.
- Scurgeți orezul și dhal și adăugați asafoetida, frunzele de curry și sare. Se macină grosier și se lasă la fermentat timp de 7 ore. Adăugați frunzele de schinduf.
- Se unge o tigaie si se incinge. Adăugați o lingură din amestecul fermentat și întindeți-o peste o clătită. Ungeți puțin ulei pe margini și prăjiți la foc mediu timp de 3-4 minute. Se rastoarna si se fierbe inca 2 minute.
- Repetați pentru restul aluatului. Se serveste fierbinte cu chutney de cocos

Pea Chaat

Pentru 4 persoane

Ingrediente

2 lingurite ulei vegetal rafinat

½ linguriță de semințe de chimen

300 g mazăre conservată

½ linguriță amchoor*

¼ linguriță de turmeric

¼ linguriță garam masala

1 lingurita suc de lamaie

5 cm rădăcină de ghimbir, decojită și tăiată fâșii

metodă

- Încinge uleiul într-o tigaie. Adăugați semințele de chimen și lăsați-le să trosnească timp de 15 secunde. Adăugați mazăre, amboor, turmeric și garam masala. Se amestecă bine și se fierbe timp de 2-3 minute, amestecând din când în când.
- Se ornează cu suc de lămâie și ghimbir. Se serveste fierbinte.

shingada

(savuroasă bengaleză)

Face 8-10

Ingrediente

2 linguri ulei vegetal rafinat plus extra pentru prajit

1 lingurita de seminte de chimen

200 de grame de mazăre fiartă

2 cartofi, fierti si taiati bucatele

1 lingurita coriandru macinat

Sarat la gust

Pentru patiserie:

350 g faina alba simpla

¼ lingurita de sare

Ceva apa

metodă

- Încinge 2 linguri de ulei într-o tigaie. Adăugați semințele de chimen. Lasă-le să trosnească timp de 15 secunde. Adăugați mazărea, cartofii, coriandru măcinat și sare. Se amestecă bine și se prăjește la foc mediu timp de 5 minute. Pune deoparte.
- Faceți vafe din ingrediente din aluat, ca în rețeta de samosa cu cartofi. Umpleți conurile cu amestecul de legume și sigilați-le.
- Încinge uleiul rămas într-o tigaie antiaderentă. Prăjiți conurile la foc mediu până se rumenesc. Se serveste fierbinte cu chutney de menta

Ceapa Bhajia

(clatite cu ceapa)

pentru 20

Ingrediente

250 g / 9 oz mezel*

4 cepe mari, feliate subțiri

Sarat la gust

½ linguriță de turmeric

150 ml apă

Ulei vegetal rafinat pentru prajit

metodă

- Se amestecă fasolea, ceapa, sarea și turmericul. Adăugați apa și amestecați bine.
- Încinge uleiul într-o tigaie acoperită. Adăugați linguri în amestec și prăjiți până se rumenesc. Se scurge pe hârtie absorbantă și se servește fierbinte.

Bagani Murgh

(pui în pastă de caju)

inainte de 12

Ingrediente

500 g pui dezosat, cubulete

1 ceapă mică, tăiată felii

1 roşie, feliată

1 castravete, feliat

1 lingurita pasta de ghimbir

1 lingurita pasta de usturoi

2 ardei iute verzi, tocati marunt

10 g frunze de mentă, măcinate

10 g frunze de coriandru, măcinate

Sarat la gust

Pentru marinata:

6-7 nuci caju, măcinate într-o pastă

2 linguri smantana lichida

metodă

- Se amestecă ingredientele pentru marinată. Marinați puiul în acest amestec timp de 4-5 ore.
- Se frigărui și se gătește pe un grătar cu cărbune, întorcându-le din când în când.
- Se ornează cu ceapă, roșii și castraveți. Se serveste fierbinte.

Tikki de cartofi

(chiftele de cartofi)

inainte de 12

Ingrediente

4 cartofi mari, fierți și piureați

1 lingurita pasta de ghimbir

1 lingurita pasta de usturoi

suc de 1 lămâie

1 ceapa mare, tocata marunt

25 g frunze de coriandru rămase, tocate

¼ linguriță de pudră de chili

Sarat la gust

2 linguri de faina de orez

3 linguri ulei vegetal rafinat

metodă

- Amestecați cartofii cu pasta de ghimbir, pasta de usturoi, sucul de lămâie, ceapa, frunzele de coriandru, pudra de chili și sare. Amesteca bine. forma chiftelelor.
- Pudrați chiftelele cu făină de orez.
- Încinge uleiul într-o tigaie acoperită. Prăjiți chiftelele la foc mediu până se rumenesc. Scurgeți și serviți cald cu chutney de mentă.

Bataat Vada

(găluște de cartofi prăjite în aluat)

Face 12-14

Ingrediente

1 lingurita ulei vegetal rafinat plus putin pentru prajit

½ linguriță de semințe de muștar

½ linguriță urad dhal*

½ linguriță de turmeric

5 cartofi, fierți și piureați

Sarat la gust

suc de 1 lămâie

250 g / 9 oz mezel*

Un praf de asafoetida

120 ml apă

metodă

- Se încălzește 1 linguriță de ulei într-o tigaie antiaderentă. Adăugați semințele de muștar, urad dhal și turmeric. Lasă-le să trosnească timp de 15 secunde.
- Se toarnă peste cartofi. Adăugați, de asemenea, sare și suc de lămâie. Amesteca bine.
- Împărțiți amestecul de cartofi în chiftele de mărimea unei nuci. Pune deoparte.
- Amestecă besanul, asafoetida, sarea și apa într-un aluat.
- Încinge uleiul rămas într-o tigaie antiaderentă. Înmuiați biluțele de cartofi în aluat și prăjiți până se rumenesc. Scurgeti si serviti cu chutney de menta.

Mini kebab de pui

pentru 8

Ingrediente

350 g pui, bucăți

125 g mezel*

1 ceapa mare, tocata marunt

½ lingurita pasta de ghimbir

½ lingurita pasta de usturoi

1 lingurita suc de lamaie

¼ de linguriță de cardamom verde măcinat

1 lingura frunze de coriandru tocate

Sarat la gust

1 lingura de seminte de susan

metodă

- Se amestecă toate ingredientele, cu excepția semințelor de susan.
- Împărțiți amestecul în bile și stropiți cu semințele de susan.
- Coaceți timp de 25 de minute la 190°C (375°F, marca de gaz 5). Se serveste fierbinte cu chutney de menta.

Lentile Rissole

inainte de 12

Ingrediente

2 linguri ulei vegetal rafinat plus extra pentru prajit

2 cepe mici, tocate mărunt

2 morcovi, tocați mărunt

600g / 1lb 5oz Masoor Dhal*

500 ml apă

2 linguri coriandru macinat

Sarat la gust

25 g frunze de coriandru rămase, tocate

100 de grame de pesmet

2 linguri faina alba naturala

1 ou, batut

metodă

- Încinge 1 lingură de ulei într-o tigaie antiaderentă. Se adaugă ceapa și morcovii și se prăjesc 2-3 minute la foc mediu, amestecând des. Adăugați masoor dhal, apă, coriandru măcinat și sare. Lasam sa fiarba 30 de minute in timp ce amestecam.
- Adăugați frunzele de coriandru și jumătate din pesmet. Amesteca bine.
- Formați cârnați și acoperiți-i cu făină. Înmuiați chiftelele în oul bătut și înveliți-le în pesmetul rămas. Pune deoparte.
- Încinge uleiul rămas. Prăjiți chiftelele până devin aurii și întoarceți-le o dată. Se serveste fierbinte cu chutney de nuca de cocos verde.

Poha hrănitoare

Pentru 4 persoane

Ingrediente

1 lingura ulei vegetal rafinat

125 g alune

1 ceapa, tocata marunt

¼ linguriță de turmeric

Sarat la gust

1 cartof, fiert și tăiat bucăți

200 g Poha*, se lasa 5 minute sa se umfle si se scurg

1 lingurita suc de lamaie

1 lingura frunze de coriandru tocate

metodă

- Încinge uleiul într-o tigaie. Prăjiți alunele, ceapa, turmericul și sarea timp de 2-3 minute la foc mediu.
- Adăugați cartofii și poha. Se prăjește la foc mic, amestecând, până se omogenizează.
- Se ornează cu suc de lămâie și frunze de coriandru. Se serveste fierbinte.

Fasole obișnuită

(fasole în sos iute)

Pentru 4 persoane

Ingrediente

300 g / 10 oz Masoor Dhal*Înmuiați în apă fierbinte timp de 20 de minute

¼ linguriță de turmeric

Sarat la gust

50 g fasole verde, tocata marunt

240 ml apă

1 lingura ulei vegetal rafinat

¼ de linguriță de semințe de muștar

Câteva frunze de curry

Sarat la gust

metodă

- Se amestecă dhal, turmericul și sarea. Se macină până se formează o pastă grosieră.
- Se fierbe la abur timp de 20-25 de minute. Se lasa sa se raceasca 20 de minute. Se sfărâmă amestecul cu degetele. Pune deoparte.
- Gatiti fasolea verde cu apa si putina sare intr-o tigaie la foc mediu pana se inmoaie. Pune deoparte.
- Încinge uleiul într-o tigaie. Adăugați semințele de muștar. Lasă-le să trosnească timp de 15 secunde. Adăugați frunzele de curry și dhal mărunțit.
- Gatiti la foc mediu, amestecand, pana se inmoaie, aproximativ 3-4 minute. Adăugați fasolea fiartă și amestecați bine. Se serveste fierbinte.

Pâine Chutney Pakoda

Pentru 4 persoane

Ingrediente

250 g / 9 oz mezel*

150 ml apă

½ linguriță de semințe de ajwain

125 g chutney de mentă

12 felii de pâine

Ulei vegetal rafinat pentru prajit

metodă

- Amestecați besanul cu apă pentru a forma un aluat cu consistența amestecului de clătite. Adăugați semințele de ajwain și amestecați ușor. Pune deoparte.
- Pe o felie de pâine se întinde muștarul de mentă și deasupra se așează alta. Repetați acest lucru pentru toate feliile de pâine. Tăiați-le în jumătate pe diagonală.
- Încinge uleiul într-o tigaie acoperită. Înmuiați rulourile în aluat și prăjiți la foc mediu până se rumenesc. Se serveste fierbinte cu ketchup.

Methi Khakra distracție

(gustare cu schinduf)

pentru 16

Ingrediente

50 g frunze proaspete de schinduf, tocate mărunt

300 g faina integrala

1 lingurita pudra de chili

¼ linguriță de turmeric

½ lingurita coriandru macinat

1 lingura ulei vegetal rafinat

Sarat la gust

120 ml apă

metodă

- Amestecă toate ingredientele împreună. Frământați până obțineți un aluat moale, dar compact.
- Împărțiți aluatul în 16 bile de mărimea unei lămâi. Întindeți-le în discuri foarte subțiri.
- Încinge o tigaie plată. Puneți feliile pe tigaia mică și prăjiți până devin crocante. Repetați pentru cealaltă parte. Depozitați într-un recipient etanș.

Șnitel verde

inainte de 12

Ingrediente

200 g spanac, tocat mărunt

4 cartofi, fierți și piureați

200 g mung dhal*, fiert și făcut piure

25 g frunze de coriandru rămase, tocate

2 ardei iute verzi, tocati marunt

1 lingurita garam masala

1 ceapa mare, tocata marunt

Sarat la gust

1 lingurita pasta de usturoi

1 lingurita pasta de ghimbir

Ulei vegetal rafinat pentru prajit

250 de grame de pesmet

metodă

- Se amestecă spanacul și cartofii. Adăugați mung dhal, frunze de coriandru, ardei iute verde, garam masala, ceapă, sare, pasta de usturoi și pasta de ghimbir. Amesteca bine.
- Împărțiți amestecul în porții de mărimea unei nuci și modelați fiecare într-un șnitel.
- Încinge uleiul într-o tigaie acoperită. Rulați șnițelul în pesmet și prăjiți până se rumenește. Se serveste fierbinte.

mână

(tort picant cu gris)

Pentru 4 persoane

Ingrediente

100 de grame de gris

125 g mezel*

200 de grame de iaurt

25 g / foarte mic 1 uncie dovleac, ras

1 morcov, ras

25 g mazăre verde

½ linguriță de turmeric

½ linguriță de pudră de chili

½ lingurita pasta de ghimbir

½ lingurita pasta de usturoi

1 ardei verde, tocat marunt

Sarat la gust

Un praf de asafoetida

½ linguriță de praf de copt

4 linguri ulei vegetal rafinat

¾ linguriță de semințe de muștar

½ lingurita de seminte de susan

metodă

- Amesteca grisul, fasolea si iaurtul intr-o tigaie. Adăugați dovleacul ras, morcovul și mazărea.
- Pentru a face aluatul, adăugați turmeric, pudră de chili, pasta de ghimbir, pasta de usturoi, ardei iute verde, sare și asafoetida. Ar trebui să aibă consistența unui aluat de prăjitură. Dacă nu, adăugați câteva linguri de apă.
- Adăugați praful de copt și amestecați bine. Pune deoparte.
- Încinge uleiul într-o tigaie. Se adauga mustar si seminte de susan. Lasă-le să trosnească timp de 15 secunde.
- Turnați aluatul în oală. Acoperiți cu un capac și fierbeți timp de 10-12 minute.
- Acoperiți aluatul și răsturnați-l ușor cu o spatulă. Se acoperă din nou și se fierbe încă 15 minute.
- Înțepăți-l cu o furculiță pentru a verifica dacă este gata. Când este gata, furculița va ieși curată. Se serveste fierbinte.

Gugra

(Mezzaluna cu seminte de legume savuroase)

Pentru 4 persoane

Ingrediente

5 linguri ulei vegetal rafinat plus extra pentru prajit

Un praf de asafoetida

400 g mazăre conservată, măcinată

250 ml apă

Sarat la gust

5 cm rădăcină de ghimbir, tocată mărunt

2 lingurite suc de lamaie

1 lingura frunze de coriandru tocate

350 g faina integrala

metodă

- Încinge 2 linguri de ulei într-o tigaie. Adăugați asafoetida. Cand sparge se adauga mazarea si 120 ml apa. Gatiti la foc mediu timp de 3 minute.

- Adăugați sare, ghimbir și suc de lămâie. Se amestecă bine și se fierbe încă 5 minute. Se presară cu frunze de coriandru și se lasă deoparte.

- Amestecam faina cu sarea, apa ramasa si 3 linguri de ulei. Împărțiți-le în bile și întindeți-le în discuri rotunde de 10 cm diametru.

- Puneți o parte din amestecul de mazăre pe fiecare felie și acoperiți jumătate din felie cu amestecul. Îndoiți cealaltă jumătate pentru a forma un „D". Sigilați prin ciupirea marginilor închise.

- Incalzeste uleiul. Prăjiți ghoograss la foc mediu până devine maro auriu. Se serveste fierbinte.

frigarui de banane

pentru 20

Ingrediente

6 banane verzi

1 lingurita pasta de ghimbir

250 g / 9 oz mezel*

25 g frunze de coriandru rămase, tocate

½ linguriță de pudră de chili

1 lingurita amchoor*

suc de 1 lămâie

Sarat la gust

240 ml ulei vegetal rafinat pentru prăjire superficială

metodă

- Fierbeți bananele în coajă timp de 10-15 minute. Scurgeți și curățați.

- Amestecați celelalte ingrediente, cu excepția uleiului. forma chiftelelor.

- Încinge uleiul într-o tigaie acoperită. Prăjiți chiftelele până se rumenesc. Se serveste fierbinte.

plăcintă cu legume

inainte de 12

Ingrediente

2 linguri pudră de săgeată

4-5 cartofi mari, fierti si rasi

1 lingura ulei vegetal rafinat plus extra pentru prajit

125 g mezel*

25 g nucă de cocos proaspătă rasă

4-5 nuci caju

3-4 stafide

125 g mazăre congelată fiartă

2 lingurițe de semințe de rodie uscate

2 lingurite coriandru macinat grosier

1 lingurita de seminte de fenicul

½ lingurita piper negru macinat

½ linguriță de pudră de chili

1 lingurita amchoor*

½ lingurita sare grunjoasa

Sarat la gust

metodă

- Se amestecă săgeata, cartofii şi 1 lingură de ulei. Pune deoparte.

- Pentru umplutură, amestecaţi ingredientele rămase (fără ulei).

- Împărţiţi amestecul de cartofi în chiftele rotunde. Pune o lingură de umplutură în centrul fiecărei chifle. Sigilaţi ca o pungă şi aplatizaţi.

- Încinge uleiul rămas într-o tigaie. Prăjiţi chiftelele la foc mic până se rumenesc. Se serveste fierbinte.

Fasole Bhel încolțită

(Gustare cu sare cu fasole încolțită)

Pentru 4 persoane

Ingrediente

100 g fasole mung încolțită, fiartă

250 g Kaala Chana*, gătit

3 cartofi mari, fierti si taiati bucatele

2 rosii mari, tocate marunt

1 ceapa medie, tocata

Sarat la gust

Pentru garnitura:

2 linguri chutney de mentă

2 linguri chutney de mango cald și dulce

4-5 linguri de iaurt

100 g cartofi prăjiți, tăiați în bucăți

10 g frunze de coriandru tocate

metodă

- Se amestecă toate ingredientele, cu excepția ingredientelor pentru topping.
- Decorați în ordinea ingredientelor enumerate. Serviți imediat.

Alo Kachori

(găluște de cartofi prăjiți)

pentru 15

Ingrediente

350 g faina integrala

1 lingură ulei vegetal rafinat, plus puțin pentru prăjit

1 linguriță de semințe de ajwain

Sarat la gust

5 cartofi, fierți și piureați

2 lingurite pudra de chili

1 lingura frunze de coriandru tocate

metodă

- Se amestecă făina, 1 lingură de ulei, semințele de ajwain și sarea. Împărțiți în bile de mărimea unei lămâi. Aplatizați fiecare bucată între palme și lăsați-o deoparte.
- Amestecați cartofii, pudra de chili, frunzele de coriandru și puțină sare.
- Puneți o porție din acest amestec în centrul fiecărei chifle. Sigilați prin ciupirea marginilor închise.

- Încinge uleiul într-o tigaie acoperită. Prăjiți kachoris-ul la foc mediu până se rumenesc. Scurgeți și serviți cald.

Dieta Doza

(crep dietetic)

inainte de 12

Ingrediente

300 g mung dhal*înmuiați în 250 ml apă timp de 3-4 ore

3-4 ardei iute verzi

rădăcină de ghimbir de 1 inch

100 de grame de gris

1 lingura smantana

50 g frunze de coriandru tocate

6 frunze de curry

Ulei vegetal rafinat pentru ungere

Sarat la gust

metodă

- Amestecați dhal-ul cu ardeii verzi și ghimbirul. se macină împreună.
- Adăugați gris și smântână. Amesteca bine. Adăugați frunze de coriandru, frunze de curry și suficientă apă pentru a face un aluat gros.

- Se unge și se încălzește o tigaie plată. Turnați peste el 2 linguri de aluat și întindeți-l cu dosul lingurii. Gatiti 3 minute la foc mic. Întoarceți și repetați.
- Repetați procesul pentru aluatul rămas. Se serveste fierbinte.

rola de alimentare

Face 8-10

Ingrediente

200 g spanac, tocat mărunt

1 morcov, tocat fin

125 g mazăre congelată

50 g fasole mung încolțită

3-4 cartofi mari, fierți și piureați

2 cepe mari, tocate mărunt

½ lingurita pasta de ghimbir

½ lingurita pasta de usturoi

1 ardei verde, tocat marunt

½ linguriță amchoor*

Sarat la gust

½ linguriță de pudră de chili

3 linguri frunze de coriandru tocate marunt

Ulei vegetal rafinat pentru prăjirea superficială

8-10 chapatis

2 linguri chutney de mango cald și dulce

metodă

- Spuneți spanacul, morcovii, mazărea și fasolea mung împreună.
- Amestecați legumele la abur cu cartofi, ceapa, pasta de ghimbir, pasta de usturoi, ardei iute verde, amchoor, sare, praf de ardei iute și frunze de coriandru. Se amestecă bine pentru a obține un amestec omogen.
- Formați mici cotlet din amestec.
- Încinge uleiul într-o tigaie. Prăjiți snițelele la foc mediu până se rumenesc. Scurgeți și puneți deoparte.
- Întindeți un chutney de mango fierbinte și dulce pe un chapatti. Puneți un cotlet în mijloc și rulați chapatis.
- Repetați acest lucru pentru toate chapatis. Se serveste fierbinte.

Sabudana Palak Doodhi Uttapam

(Clătite cu sago, spanac și tărtăcuță)

pentru 20

Ingrediente

1 lingurita Toor dhal*

1 lingurita mung dhal*

1 lingurita fasole urad*

1 lingurita masoor dhal*

3 lingurite de orez

100 g sago, măcinat grosier

50 g spanac, fiert la abur și măcinat

¼ sticla de dovleac*, ras

125 g mezel*

½ linguriță de chimen măcinat

1 lingurita frunze de menta tocate marunt

1 ardei verde, tocat marunt

½ lingurita pasta de ghimbir

Sarat la gust

100 ml apă

Ulei vegetal rafinat pentru prajit

metodă

- Măcinați împreună toor dhal, mung dhal, fasole urad, masoor dhal și orez. Pune deoparte.
- Înmuiați sago timp de 3-5 minute. Se scurge complet.
- Se amestecă cu amestecul de dhal de orez măcinat.
- Adăugați spanacul, tărtăcuța de sticlă, besanul, chimenul măcinat, frunzele de mentă, ardeiul iute verde, pasta de ghimbir, sare și suficientă apă pentru a forma un aluat gros. Lăsați să se odihnească timp de 30 de minute.
- Se unge o tigaie si se incinge. Se toarnă 1 lingură de aluat în tigaie și se întinde cu dosul unei linguri.
- Acoperiți și gătiți la foc mediu până când fundul se rumenește ușor. Întoarceți și repetați.
- Repetați procesul pentru aluatul rămas. Serviți fierbinte cu ketchup sau chutney de nucă de cocos verde

Poha

Pentru 4 persoane

Ingrediente

150 g poha*

1 1/2 linguri de ulei vegetal rafinat

½ linguriță de semințe de chimen

½ linguriță de semințe de muștar

1 cartof mare, tocat fin

2 cepe mari, tocate mărunt

5-6 ardei iute verzi, tocati marunt

8 frunze de curry, tocate grosier

¼ linguriță de turmeric

45 g alune prăjite (opțional)

25 g nucă de cocos proaspătă, rasă sau răzuită

10 g frunze de coriandru tocate mărunt

1 lingurita suc de lamaie

Sarat la gust

metodă

- Spălați bine poha. Scurgeți complet apa și puneți poha într-o strecurătoare timp de 15 minute.
- Slăbiți ușor ciorchinele de poha cu degetele. Pune deoparte.
- Încinge uleiul într-o tigaie. Se adauga chimen si seminte de mustar. Lasă-le să trosnească timp de 15 secunde.
- Adăugați cartofii tăiați felii. Se prăjește la foc mediu timp de 2-3 minute. Adăugați ceapa, ardei iute verde, frunze de curry și turmeric. Gatiti pana ce ceapa devine translucida. Scoateți de pe aragaz.
- Adăugați poha, arahide prăjite, jumătate din nuca de cocos rasă și frunzele de coriandru. Se amestecă pentru a se amesteca bine.
- Stropiți cu suc de lămâie și sare. Se fierbe timp de 4-5 minute.
- Se ornează cu frunzele de cocos și coriandru rămase. Se serveste fierbinte.

cotlet de legume

Face 10-12

Ingrediente

2 cepe, tocate mărunt

5 catei de usturoi

¼ linguriță de semințe de fenicul

2-3 ardei iute verzi

10 g frunze de coriandru tocate mărunt

2 morcovi mari, tocati marunt

1 cartof mare, tocat fin

1 sfecla rosie mica, tocata marunt

50 g fasole verde, tocata marunt

50 de grame de mazăre

900 ml apă

Sarat la gust

¼ linguriță de turmeric

2-3 linguri de besan*

1 lingură ulei vegetal rafinat, plus puțin pentru prăjit

50 de grame de pesmet

metodă

- Măcinați 1 ceapă, usturoiul, semințele de fenicul, ardeiul iute și frunzele de coriandru într-o pastă netedă. Pune deoparte.
- Combinați morcovii, cartofii, sfecla, fasolea verde și mazărea într-o cratiță. Adăugați 500 ml apă, sare și turmeric și fierbeți la foc mediu până când legumele sunt gata.
- Se pasează bine legumele și se lasă deoparte.
- Amestecă besanul și apa rămasă într-un aluat fin. Pune deoparte.
- Încinge 1 lingură de ulei într-o tigaie. Adăugați ceapa rămasă și prăjiți până devine translucid.
- Adăugați pasta de ceapa și usturoi și prăjiți la foc mediu timp de un minut, amestecând continuu.
- Adăugați legumele pasate și amestecați bine.
- Se ia de pe foc si se lasa deoparte sa se raceasca.
- Împărțiți acest amestec în 10-12 bile. Apăsați plat între palme pentru a forma chifteluțe.
- Înmuiați chiftelele în aluat și rulați-le în pesmet.
- Încinge uleiul într-o tigaie acoperită. Prăjiți chiftelele până se rumenesc pe ambele părți.
- Se serveste fierbinte cu ketchup.

Soia Uppit

(gustare cu soia)

Pentru 4 persoane

Ingrediente

1 1/2 linguri de ulei vegetal rafinat

½ linguriță de semințe de muștar

2 ardei iute verzi, tocati marunt

2 ardei rosii, tocati marunt

Un praf de asafoetida

1 ceapa mare, tocata marunt

1 inch rădăcină de ghimbir, tăiată în fâșii julienne

10 catei de usturoi, tocati marunt

6 frunze de curry

100 g gris de soia*, prăjită uscată

100 g gris prăjit uscat

200 de grame de mazăre

500 ml apă fierbinte

¼ linguriță de turmeric

1 lingurita de zahar

1 lingurita sare

1 rosie mare, tocata marunt

2 linguri frunze de coriandru tocate marunt

15 stafide

10 nuci caju

metodă

- Încinge uleiul într-o tigaie. Adăugați semințele de muștar. Lasă-le să trosnească timp de 15 secunde.
- Adăugați ardei iute verzi, ardei iute roșu, asafoetida, ceapa, ghimbir, usturoi și frunze de curry. Gatiti la foc mediu timp de 3-4 minute, amestecand des.
- Adaugati faina de soia, grisul si mazarea. Gatiti pana cand ambele tipuri de gris sunt maro auriu.
- Adăugați apă fierbinte, turmeric, zahăr și sare. Gatiti la foc mediu pana se evapora apa.
- Se ornează cu roșii, frunze de coriandru, stafide și nuci caju.
- Se serveste fierbinte.

hopa

(farfurie de mic dejun cu gris)

Pentru 4 persoane

Ingrediente

1 lingura unt clarificat

150 de grame de gris

1 lingura ulei vegetal rafinat

¼ de linguriță de semințe de muștar

1 lingurita de urad hal*

3 ardei iute verzi, tăiați pe lungime

8-10 frunze de curry

1 ceapa medie, tocata marunt

1 rosie medie, tocata marunt

750 ml apă

1 linguriță grămadă de zahăr

Sarat la gust

50 g mazăre conservată (opțional)

25 g frunze rare de coriandru, tocate mărunt

metodă

- Se încălzește ghee-ul într-o tigaie acoperită. Adăugați grisul și prăjiți, amestecând des, până când grisul devine maro auriu. Pune deoparte.
- Încinge uleiul într-o tigaie. Adăugați semințe de muștar, urad dhal, ardei iute și frunze de curry. Se prăjește până când urad dhal devine maro.
- Adăugați ceapa și prăjiți la foc mic până devine translucid. Adăugați roșia și prăjiți încă 3-4 minute.
- Adăugați apa și amestecați bine. Gatiti la foc mediu pana cand amestecul incepe sa fiarba. Amesteca bine.
- Adăugați zahăr, sare, gris și mazăre. Amesteca bine.
- Se fierbe timp de 2-3 minute, amestecând continuu.
- Se ornează cu frunze de coriandru. Se serveste fierbinte.

Vermicelli Hopa

(vermicelli cu ceapa)

Pentru 4 persoane

Ingrediente

3 linguri ulei vegetal rafinat

1 lingurita mung dhal*

1 lingurita de urad hal*

¼ de linguriță de semințe de muștar

8 frunze de curry

10 alune

10 nuci caju

1 cartof mediu, tocat fin

1 morcov mare, tocat mărunt

2 ardei iute verzi, tocati marunt

1 cm radacina de ghimbir, tocata marunt

1 ceapa mare, tocata marunt

1 rosie, tocata marunt

50 g mazăre congelată

Sarat la gust

1 litru de apă

200 g vermicelli

2 linguri de unt clarificat

metodă

- Încinge uleiul într-o tigaie. Adăugați mung dhal, urad dhal, semințe de muștar și frunze de curry. Lasă-le să trosnească timp de 30 de secunde.
- Adăugați arahide și caju. Se prăjește la foc mediu până se rumenește.
- Adăugați cartoful și morcovul. Gatiti 4-5 minute.
- Adăugați ardei iute, ghimbir, ceapă, roșii, mazăre și sare. Gatiti la foc mediu, amestecand des, pana cand legumele sunt fragede.
- Se adauga apa si se aduce la fiert. Amesteca bine.
- Adăugați vermicelli, amestecând constant pentru a nu se forma cocoloașe.
- Acoperiți cu un capac și fierbeți timp de 5-6 minute.
- Adăugați ghee-ul și amestecați bine. Se serveste fierbinte.

bonda

(cotlet de cartofi)

pentru 10

Ingrediente

5 linguri ulei vegetal rafinat plus extra pentru prajit

½ linguriță de semințe de muștar

2,5 mm rădăcină de ghimbir, tocată mărunt

2 ardei iute verzi, tocati marunt

50 g frunze de coriandru tocate fin

1 ceapa mare, tocata marunt

4 cartofi medii, fierți și piureați

1 morcov mare, tocat mărunt și fiert

125 g mazăre conservată

Un praf de turmeric

Sarat la gust

1 lingurita suc de lamaie

250 g / 9 oz mezel*

200 ml apă

½ linguriță de praf de copt

metodă

- Încinge 4 linguri de ulei într-o tigaie. Adaugati seminte de mustar, ghimbir, ardei iute verzi, frunze de coriandru si ceapa. Gatiti la foc mediu, amestecand din cand in cand, pana ce ceapa incepe sa se rumeneasca.
- Adăugați cartofi, morcovi, mazăre, turmeric și sare. Se fierbe timp de 5-6 minute, amestecând din când în când.
- Stropiți cu suc de lămâie și împărțiți în 10 bile. Pune deoparte.
- Amestecați sosul, apa și drojdia cu 1 lingură de ulei într-un aluat.
- Încinge uleiul într-o tigaie. Înmuiați fiecare biluță de cartofi în aluat și prăjiți la foc mediu până se rumenesc.
- Se serveste fierbinte.

Dhokla instant

(Toc savuros la abur instant)

Face 15-20

Ingrediente

250 g / 9 oz mezel*

1 lingurita sare

2 linguri de zahar

2 linguri ulei vegetal rafinat

½ lingură suc de lămâie

240 ml apă

1 lingura praf de copt

1 linguriță de semințe de muștar

2 ardei iute verzi, tăiați pe lungime

Câteva frunze de curry

1 lingura de apa

2 linguri frunze de coriandru tocate marunt

1 lingura nuca de cocos proaspata, rasa

metodă

- Se amestecă fasolea, sarea, zahărul, 1 lingură ulei, zeama de lămâie și apa într-un aluat fin.
- Ungeți o formă rotundă de tort (20 cm).
- Adăugați drojdia în aluat. Se amestecă bine și se toarnă imediat în tava unsă. Se fierbe la abur timp de 20 de minute.
- Înțepați-l cu o furculiță pentru a verifica dacă este gata. Dacă furculița nu iese curată, gătiți din nou la abur timp de 5 până la 10 minute. Pune deoparte.
- Încinge uleiul rămas într-o tigaie. Adăugați semințele de muștar. Lasă-le să trosnească timp de 15 secunde.
- Adăugați ardei iute verzi, frunze de curry și apă. Se fierbe timp de 2 minute.
- Turnați acest amestec pe dhokla și lăsați-l să se înmoaie în lichid.
- Se ornează cu frunze de coriandru și fulgi de cocos.
- Tăiați în pătrate și serviți cu chutney de mentă

Dal Maharani

(Linte neagră și fasole roșie)

Pentru 4 persoane

Ingrediente

150 g uradhal*

2 linguri de fasole borlotti

1,4 litri de apă

Sarat la gust

1 lingura ulei vegetal rafinat

½ linguriță de semințe de chimen

1 ceapa mare, tocata marunt

3 roșii medii, tocate

1 lingurita pasta de ghimbir

½ lingurita pasta de usturoi

½ linguriță de pudră de chili

½ linguriță garam masala

120 ml smantana proaspata

metodă

- Înmuiați urad dhal și fasolea roșie împreună peste noapte. Se scurge si se fierbe impreuna intr-o tigaie cu apa si sare la foc mediu timp de 1 ora. Pune deoparte.
- Încinge uleiul într-o tigaie. Adăugați semințele de chimen. Lasă-le să trosnească timp de 15 secunde.
- Adăugați ceapa și prăjiți la foc mediu până se rumenește.
- Adăugați roșiile. Amesteca bine. Adăugați pasta de ghimbir și pasta de usturoi. Coaceți timp de 5 minute.
- Adăugați amestecul de fasole dhal fiartă, pudra de chili și garam masala. Amesteca bine.
- Adăugați smântână. Se fierbe timp de 5 minute, amestecând des.
- Serviți fierbinte cu naan sau orez aburit

Milagu Kuzhambu

(Naut rosu in sos de ardei)

Pentru 4 persoane

Ingrediente

- 2 lingurite unt clarificat
- 2 lingurițe de semințe de coriandru
- 1 lingura pasta de tamarind
- 1 lingurita piper negru macinat
- ¼ de lingurita asafoetida

- Sarat la gust
- 1 lingura toor dhal*, gătit
- 1 litru de apă
- ¼ de linguriță de semințe de muștar
- 1 ardei verde, tocat
- ¼ linguriță de turmeric
- 10 frunze de curry

metodă

- Se încălzește câteva picături de ghee într-o tigaie. Adăugați semințele de coriandru și prăjiți timp de 2 minute la foc mediu. Se lasa sa se raceasca si se macina.
- Se amestecă cu pasta de tamarind, piper, asafoetida, sare și dhal într-o cratiță mare.
- Adăugați apa. Se amestecă bine și se aduce la fierbere la foc mediu. Pune deoparte.
- Se încălzește ghee-ul rămas într-o tigaie. Adaugati seminte de mustar, ardei iute verzi, turmeric si frunze de curry. Lasă-le să trosnească timp de 15 secunde.
- Adăugați asta la dhal. Se serveste fierbinte.

Dhal Hariyali

(Legume cu frunze cu Bengal Gram Split)

Pentru 4 persoane

Ingrediente

300 g / 10 oz Toor Dhal*

1,4 litri de apă

Sarat la gust

2 linguri de unt clarificat

1 lingurita de seminte de chimen

1 ceapa, tocata marunt

½ lingurita pasta de ghimbir

½ lingurita pasta de usturoi

½ linguriță de turmeric

50 g spanac, tocat

10 g frunze de schinduf, tocate mărunt

25 g frunze rare de coriandru

metodă

- Fierbeți dhal-ul cu apă și sare într-o tigaie timp de 45 de minute, amestecând regulat. Pune deoparte.
- Încinge ghee-ul într-o tigaie. Adaugati chimen, ceapa, pasta de ghimbir, pasta de usturoi si turmeric. Se prajesc la foc mic timp de 2 minute, amestecand continuu.
- Adăugați spanacul, frunzele de schinduf și frunzele de coriandru. Se amestecă bine și se fierbe timp de 5-7 minute.
- Se serveste fierbinte cu orez aburit

Dhalcha

(Gram bengali împărțit cu miel)

Pentru 4 persoane

Ingrediente

150 g chana dhal*

150 g toor dhal*

2,8 litri de apă

Sarat la gust

2 linguri pasta de tamarind

2 linguri ulei vegetal rafinat

4 cepe mari, tocate

5 cm rădăcină de ghimbir, rasă

10 catei de usturoi, macinati

750 g miel tocat

1,4 litri de apă

3-4 rosii, tocate

1 lingurita pudra de chili

1 lingurita turmeric

1 lingurita garam masala

20 de frunze de curry

25 g frunze rare de coriandru, tocate mărunt

metodă

- Fierbeți dhhalurile cu apă și sare timp de 1 oră la foc mediu. Se adauga pasta de tamarind si se paseaza bine. Pune deoparte.
- Încinge uleiul într-o tigaie. Adăugați ceapa, ghimbirul și usturoiul. Se prăjește la foc mediu până se rumenește. Se adauga carnea de miel si se rumeneste, amestecand continuu.
- Adăugați apa și fierbeți până când mielul este fiert.
- Adăugați roșiile, pudra de chili, turmeric și sare. Amesteca bine. Gatiti inca 7 minute.
- Adăugați dhal, garam masala și frunze de curry. Amesteca bine. Se fierbe 4-5 minute.
- Se ornează cu frunze de coriandru. Se serveste fierbinte.

Tarkari Dhalcha

(Gram bengali împărțit cu legume)

Pentru 4 persoane

Ingrediente

150 g chana dhal*

150 g toor dhal*

Sarat la gust

3 litri de apă

10 g frunze de mentă

10 g frunze de coriandru

2 linguri ulei vegetal rafinat

½ linguriță de semințe de muștar

½ linguriță de semințe de chimen

Un praf de seminte de schinduf

Un praf de semințe de Kalonji*

2 ardei iute roșu uscat

10 frunze de curry

½ lingurita pasta de ghimbir

½ lingurita pasta de usturoi

½ linguriță de turmeric

1 lingurita pudra de chili

1 lingurita pasta de tamarind

500 g dovleac, tăiat mărunt

metodă

- Fierbeți ambele dhal-uri cu sare, 2,5 litri de apă și jumătate de mentă și coriandru într-o cratiță la foc mediu timp de 1 oră. Se macină până obții o pastă groasă. Pune deoparte.
- Încinge uleiul într-o tigaie. Adăugați semințe de muștar, chimen, schinduf și kalonji. Lasă-le să trosnească timp de 15 secunde.

- Adăugați ardeiul roșu și frunzele de curry. Se prăjește la foc mediu timp de 15 secunde.
- Adăugați pasta dhal, pasta de ghimbir, pasta de usturoi, turmeric, pudra de ardei iute și pasta de tamarind. Amesteca bine. Gatiti la foc mediu timp de 10 minute, amestecand des.
- Adăugați apa rămasă și dovleacul. Se fierbe până când dovleacul este gata.
- Adăugați restul de mentă și frunzele de coriandru. Gatiti 3-4 minute.
- Se serveste fierbinte.

Dhokar Dhalna

(Cuburi Dhal de curry prăjit)

Pentru 4 persoane

Ingrediente

600 g / 1 lb 5 oz Chana Dhal*, înmuiați peste noapte

120 ml apă

Sarat la gust

4 linguri ulei vegetal rafinat plus extra pentru prajit

3 ardei iute verzi, tocat

½ lingurita asafoetida

2 cepe mari, tocate mărunt

1 frunză de dafin

1 lingurita pasta de ghimbir

1 lingurita pasta de usturoi

1 lingurita pudra de chili

¾ linguriță de turmeric

1 lingurita garam masala

1 lingura frunze de coriandru tocate marunt

metodă

- Se macină dhal-ul cu apă și puțină sare într-o pastă groasă. Pune deoparte.
- Încinge 1 lingură de ulei într-o tigaie. Adăugați ardeiul verde și asafoetida. Lasă-le să trosnească timp de 15 secunde. Se amestecă pasta dhal și puțină sare. Amesteca bine.
- Întindeți acest amestec pe o foaie de copt pentru a se răci. Tăiați în bucăți de 2,5 cm.
- Se incinge uleiul pentru prajit intr-o tigaie. Prăjiți bucățile până se rumenesc. Pune deoparte.
- Încinge 2 linguri de ulei într-o tigaie. Prăjiți ceapa până devine maro aurie. Măcinați-le într-o pastă și lăsați-le deoparte.
- Încinge restul de 1 lingură de ulei într-o tigaie. Adăugați foi de dafin, bucăți de dhal prăjite, pasta de ceapă prăjită, pasta de ghimbir, pasta de usturoi, pudră de ardei iute, turmeric și garam masala. Adăugați suficientă apă pentru a acoperi bucățile de dhal. Se amestecă bine și se fierbe timp de 7-8 minute.
- Se ornează cu frunze de coriandru. Se serveste fierbinte.

Varan

(Gram dhal roşu împărţit pur şi simplu)

Pentru 4 persoane

Ingrediente

300 g / 10 oz Toor Dhal*

2,4 litri de apă

¼ de lingurita asafoetida

½ linguriţă de turmeric

Sarat la gust

metodă

- Gatiti toate ingredientele intr-o tigaie la foc mediu timp de aproximativ 1 ora.
- Se serveste fierbinte cu orez aburit

dragă dhal

(Dulce gram roșu comun)

Pentru 4-6 persoane

Ingrediente

300 g / 10 oz Toor Dhal*

2,5 litri de apă

Sarat la gust

¼ linguriță de turmeric

Un vârf generos de asafoetida

½ linguriță de pudră de chili

Bucata de trestie de zahar de 5 cm*

2 lingurite ulei vegetal rafinat

¼ lingurita de chimen

¼ de linguriță de semințe de muștar

2 ardei iute roșu uscat

1 lingura frunze de coriandru tocate marunt

metodă

- Spălați toor dhal și gătiți-l cu apă și sare într-o tigaie la foc mic timp de 1 oră.
- Adăugați turmeric, asafoetida, pudră de chili și jaggery. Lasam la fiert 5 minute. Amesteca bine. Pune deoparte.
- Încinge uleiul într-o cratiță mică. Se adauga chimen, seminte de mustar si ardei rosu uscat. Lasă-le să trosnească timp de 15 secunde.
- Se toarnă în dhal și se amestecă bine.
- Se ornează cu frunze de coriandru. Se serveste fierbinte.

Dhal dulce-acru

(Gram roșu rupt dulce și acru)

Pentru 4-6 persoane

Ingrediente

300 g / 10 oz Toor Dhal*

2,4 litri de apă

Sarat la gust

¼ linguriță de turmeric

¼ de lingurita asafoetida

1 lingurita pasta de tamarind

1 lingurita de zahar

2 lingurite ulei vegetal rafinat

½ linguriță de semințe de muștar

2 ardei iute verzi

8 frunze de curry

1 lingura frunze de coriandru tocate marunt

metodă

- Fierbeți toor dhal într-o tigaie cu apă și sare la foc mediu timp de 1 oră.
- Adăugați turmeric, asafoetida, pastă de tamarind și zahăr. Lasam la fiert 5 minute. Pune deoparte.
- Încinge uleiul într-o cratiță mică. Adăugați semințe de muștar, ardei iute și frunze de curry. Lasă-le să trosnească timp de 15 secunde.
- Turnați acest condiment în dhal.
- Se ornează cu frunze de coriandru.
- Se serveste fierbinte cu orez sau chapatis aburit

Mung-ni-Dhal

(Green Gram distribuit)

Pentru 4 persoane

Ingrediente

300 g mung dhal*

1,9 litri de apă

Sarat la gust

¼ linguriță de turmeric

½ lingurita pasta de ghimbir

1 ardei verde, tocat marunt

¼ lingurita de zahar

1 lingura unt clarificat

½ lingurita de seminte de susan

1 ceapa mica, tocata

1 catel de usturoi tocat marunt

metodă

- Fierbe mung dhal cu apă şi sare într-o tigaie la foc mediu timp de 30 de minute.
- Adăugaţi turmeric, pasta de ghimbir, ardei iute şi zahăr. Amesteca bine.
- Când dhal-ul este uscat, adăugaţi 120 ml de apă. Se fierbe 2-3 minute şi se lasă deoparte.
- Se încălzeşte ghee-ul într-o cratiţă mică. Adăugaţi susan, ceapa şi usturoi. Gatiti 1 minut, amestecand continuu.
- Adăugaţi asta la dhal. Se serveste fierbinte.

Dhal cu ceapă și nucă de cocos

(Naut rosu cu ceapa si nuca de cocos)

Pentru 4-6 persoane

Ingrediente

300 g / 10 oz Toor Dhal*

2,8 litri de apă

2 ardei iute verzi, tocat

1 ceapa mica, tocata

Sarat la gust

¼ linguriță de turmeric

1 ½ linguriță ulei vegetal

½ linguriță de semințe de muștar

1 lingura frunze de coriandru tocate marunt

50 g nucă de cocos proaspătă rasă

metodă

- Fierbeți toor dhal cu apă, ardei iute verde, ceapă, sare și turmeric într-o tigaie la foc mediu timp de 1 oră. Pune deoparte.
- Încinge uleiul într-o tigaie. Adăugați semințele de muștar. Lasă-le să trosnească timp de 15 secunde.
- Se toarnă în dhal și se amestecă bine.
- Se ornează cu frunze de coriandru și nucă de cocos. Se serveste fierbinte.

Dahi Kadhi

(curry de iaurt)

Pentru 4 persoane

Ingrediente

1 lingura de fasole*

250 de grame de iaurt

750 ml apă

2 lingurite de zahar

Sarat la gust

½ lingurita pasta de ghimbir

1 lingura ulei vegetal rafinat

¼ de linguriță de semințe de muștar

¼ lingurita de chimen

¼ linguriță de semințe de schinduf

8 frunze de curry

10 g frunze de coriandru tocate mărunt

metodă

- Într-o cratiță mare, combinați besanul cu iaurt, apă, zahăr, sare și pasta de ghimbir. Amestecați bine pentru a vă asigura că nu se formează cocoloașe.
- Gatiti amestecul la foc mediu pana incepe sa se ingroase, amestecand des. Aduce la fierbere. Pune deoparte.
- Încinge uleiul într-o tigaie. Adăugați semințe de muștar, semințe de chimen, semințe de schinduf și frunze de curry. Lasă-le să trosnească timp de 15 secunde.
- Turnați acest ulei peste amestecul de mezel.
- Se ornează cu frunze de coriandru. Se serveste fierbinte.

dhal spanac

(spanac cu gram verde crapat)

Pentru 4 persoane

Ingrediente

300 g mung dhal*

1,9 litri de apă

Sarat la gust

1 ceapa mare, tocata

6 catei de usturoi, tocati

¼ linguriță de turmeric

100 de grame de spanac tocat

½ linguriță amchoor*

Un praf de garam masala

½ lingurita pasta de ghimbir

1 lingura ulei vegetal rafinat

1 lingurita de seminte de chimen

2 linguri frunze de coriandru tocate marunt

metodă

- Fierbeți dhal-ul cu apă și sare într-o tigaie la foc mediu timp de 30-40 de minute.
- Adăugați ceapa și usturoiul. Gatiti timp de 7 minute.
- Adăugați turmeric, spanac, amchoor, garam masala și pastă de ghimbir. Amesteca bine.
- Se fierbe până când dhal-ul este moale și toate condimentele sunt absorbite. Pune deoparte.
- Încinge uleiul într-o tigaie. Adăugați semințele de chimen. Lasă-le să trosnească timp de 15 secunde.
- Se toarnă peste dhal.
- Se ornează cu frunze de coriandru. Se serveste fierbinte

Tawker Dal

(Linte roșie despicată cu mango necoapt)

Pentru 4 persoane

Ingrediente

300 g / 10 oz Toor Dhal*

2,4 litri de apă

1 mango necopt, fără sâmburi și tăiat în sferturi

½ linguriță de turmeric

4 ardei iute verzi

Sarat la gust

2 lingurițe ulei de muștar

½ linguriță de semințe de muștar

1 lingura frunze de coriandru tocate marunt

metodă

- Fierbeți dhal-ul timp de o oră cu apă, bucăți de mango, turmeric, ardei iute și sare. Pune deoparte.
- Se incinge uleiul intr-o tigaie si se adauga semintele de mustar. Lasă-le să trosnească timp de 15 secunde.
- Adăugați asta la dhal. Se fierbe până se îngroașă.
- Se ornează cu frunze de coriandru. Se serveste fierbinte cu orez aburit

Dhal simplu

(Gram roșu împărtășit cu roșii)

Pentru 4 persoane

Ingrediente

300 g / 10 oz Toor Dhal*

1,2 litri de apă

Sarat la gust

¼ linguriță de turmeric

½ lingură ulei vegetal rafinat

¼ lingurita de chimen

2 ardei iute verzi, tăiați pe lungime

1 rosie medie, tocata marunt

1 lingura frunze de coriandru tocate marunt

metodă

- Fierbeți toor dhal cu apă și sare într-o tigaie la foc mediu timp de 1 oră.
- Adăugați turmeric și amestecați bine.
- Dacă dhal-ul este prea gros, adăugați 120 ml de apă. Se amestecă bine și se lasă deoparte.
- Încinge uleiul într-o tigaie. Adăugați semințele de chimen și lăsați-le să trosnească timp de 15 secunde. Adăugați ardeii verzi și roșiile. Se prăjește timp de 2 minute.
- Adăugați asta la dhal. Se amestecă și se fierbe timp de 3 minute.
- Se ornează cu frunze de coriandru. Se serveste fierbinte cu orez aburit

Maa-ki-Dhal

(Gram negru bogat)

Pentru 4 persoane

Ingrediente

240 g kaali dhal*

125 g fasole borlotti

2,8 litri de apă

Sarat la gust

Rădăcină de ghimbir lungă de 3,5 cm, tăiată fâșii julienne

1 lingurita pudra de chili

3 roșii, piure

1 lingura de unt

2 lingurite ulei vegetal rafinat

1 lingurita de seminte de chimen

2 linguri smantana lichida

metodă

- Înmuiați dhal și fasolea pinto împreună peste noapte.
- Fierbeți apa, sarea și ghimbirul într-o cratiță la foc mediu timp de 40 de minute.
- Adăugați praf de chili, pasta de roșii și unt. Gatiti 8-10 minute. Pune deoparte.
- Încinge uleiul într-o tigaie. Adăugați semințele de chimen. Lasă-le să trosnească timp de 15 secunde.
- Adăugați asta la dhal. Amesteca bine.
- Adăugați smântână. Se serveste fierbinte cu orez aburit

Dhansak

(Parsi ascuțit împărțit gram roșu)

Pentru 4 persoane

Ingrediente

3 linguri ulei vegetal rafinat

1 ceapa mare, tocata marunt

2 rosii mari, tocate

½ linguriță de turmeric

½ linguriță de pudră de chili

1 lingură Dhansak Masala*

1 lingura otet de malt

Sarat la gust

Pentru amestecul dhal:

150 g toor dhal*

75 g mung dhal*

75 g masoor dhal*

1 vinete mică, tăiată în sferturi

Bucată de dovleac de 7,5 cm, tăiată în sferturi

1 lingură frunze proaspete de schinduf

1,4 litri de apă

Sarat la gust

metodă

- Gătiți ingredientele pentru amestecul de dhal împreună într-o tigaie la foc mediu timp de 45 de minute. Pune deoparte.
- Încinge uleiul într-o tigaie. Prăjiți ceapa și roșiile timp de 2-3 minute la foc mediu.
- Adăugați amestecul dhal și toate celelalte ingrediente. Se amestecă bine și se fierbe la foc mediu timp de 5-7 minute. Se serveste fierbinte.

Masoor Dhal

Pentru 4 persoane

Ingrediente

300 g / 10 oz Masoor Dhal*

Sarat la gust

Un praf de turmeric

1,2 litri de apă

2 linguri ulei vegetal rafinat

6 catei de usturoi, macinati

1 lingurita suc de lamaie

metodă

- Fierbeți dhalul, sarea, turmericul și apa într-o tigaie la foc mediu timp de 45 de minute. Pune deoparte.
- Încinge uleiul într-o tigaie și prăjește usturoiul până se rumenește. Se adaugă la dhal și se stropește cu suc de lămâie. Amesteca bine. Se serveste fierbinte.

Panchemel Dhal

(amestec de cinci lentile)

Pentru 4 persoane

Ingrediente

75 g mung dhal*

1 lingură Chana dhal*

1 lingură masoor dhal*

1 lingura toor dhal*

1 lingură urad dhal*

750 ml apă

½ linguriță de turmeric

Sarat la gust

1 lingura unt clarificat

1 lingurita de seminte de chimen

Un praf de asafoetida

½ linguriță garam masala

1 lingurita pasta de ghimbir

metodă

- Gătiți dhalurile cu apa, turmeric și sare într-o tigaie la foc mediu timp de 1 oră. Amesteca bine. Pune deoparte.
- Încinge ghee-ul într-o tigaie. Prăjiți ingredientele rămase timp de 1 minut.
- Se adaugă la dhal, se amestecă bine și se fierbe timp de 3-4 minute. Se serveste fierbinte.

Cholar Dhal

(Gram bengal împărțit)

Pentru 4 persoane

Ingrediente

600 g / 1 lb 5 oz Chana Dhal*

2,4 litri de apă

Sarat la gust

3 linguri de unt clarificat

½ linguriță de semințe de chimen

½ linguriță de turmeric

2 lingurite de zahar

3 cuișoare

2 foi de dafin

1 inch scorțișoară

2 păstăi de cardamom verde

15 g nucă de cocos, tocată și prăjită

metodă

- Fierbeți dhal-ul cu apă și sare într-o tigaie la foc mediu timp de 1 oră. Pune deoparte.
- Încinge 2 linguri de ghee într-o cratiță. Adăugați toate ingredientele, cu excepția nucii de cocos. Lasă-le să trosnească timp de 20 de secunde. Adăugați dhalul fiert și gătiți timp de 5 minute, amestecând bine. Adăugați nucă de cocos și 1 lingură ghee. Se serveste fierbinte.

Dilpas și Dhal

(Lentile speciale)

Pentru 4 persoane

Ingrediente

60 g fasole urad*

2 linguri de fasole borlotti

2 linguri de naut

2 litri de apă

¼ linguriță de turmeric

2 linguri de unt clarificat

2 roșii, albite și făcute piure

2 lingurite de chimion macinat, prajit uscat

125 g iaurt, bătut

120 ml frișcă lichidă

Sarat la gust

metodă

- Amestecați fasolea, năutul și apa. Se înmoaie într-o tigaie timp de 4 ore. Adăugați turmeric și gătiți la foc mediu timp de 45 de minute. Pune deoparte.
- Încinge ghee-ul într-o tigaie. Adăugați toate ingredientele rămase și gătiți la foc mediu până când ghee-ul se desparte.
- Se adauga amestecul de fasole-naut. Se fierbe până se usucă. Se serveste fierbinte.

Dal Masoor

(Linte roşie spartă)

Pentru 4 persoane

Ingrediente

1 lingura unt clarificat

1 lingurita de seminte de chimen

1 ceapa mica, tocata marunt

2,5 cm radacina de ghimbir, tocata marunt

6 catei de usturoi, tocati marunt

4 ardei iute verzi, tăiaţi pe lungime

1 roşie, curăţată şi făcută piure

½ linguriţă de turmeric

300 g / 10 oz Masoor Dhal*

1,5 litri de apă

Sarat la gust

2 linguri frunze de coriandru

metodă

- Încinge ghee-ul într-o tigaie. Adaugati chimen, ceapa, ghimbir, usturoi, chili, rosii si turmeric. Gatiti 5 minute, amestecand des.
- Adăugați dhal, apă și sare. Gatiti 45 de minute. Se ornează cu frunze de coriandru. Se serveste fierbinte cu orez aburit

Dal cu vinete

(linte cu vinete)

Pentru 4 persoane

Ingrediente

300 g / 10 oz Toor Dhal*

1,5 litri de apă

Sarat la gust

1 lingura ulei vegetal rafinat

50 g vinete taiate cubulete

1 inch scorțișoară

2 păstăi de cardamom verde

2 cuișoare

1 ceapa mare, tocata marunt

2 rosii mari, tocate marunt

½ lingurita pasta de ghimbir

½ lingurita pasta de usturoi

1 lingurita coriandru macinat

½ linguriță de turmeric

10 g frunze de coriandru pentru ornat

metodă

- Fierbeți dhal-ul cu apă și sare într-o tigaie la foc mediu timp de 45 de minute. Pune deoparte.
- Încinge uleiul într-o tigaie. Adăugați toate ingredientele rămase, cu excepția frunzelor de coriandru. Se prajesc 2-3 minute, amestecand continuu.
- Adăugați amestecul la dhal. Lasam la fiert 5 minute. Se ornează și se servește.

Dhal Tadka galben

Pentru 4 persoane

Ingrediente

300 g mung dhal*

1 litru de apă

¼ linguriță de turmeric

Sarat la gust

3 lingurite unt clarificat

½ linguriță de semințe de muștar

½ linguriță de semințe de chimen

½ linguriță de semințe de schinduf

2,5 cm radacina de ghimbir, tocata marunt

4 catei de usturoi, tocati

3 ardei iute verzi, tăiați pe lungime

8 frunze de curry

metodă

- Fierbeți dhal-ul cu apă, turmeric și sare într-o tigaie la foc mediu timp de 45 de minute. Pune deoparte.
- Încinge ghee-ul într-o tigaie. Adăugați toate celelalte ingrediente. Se prăjește timp de 1 minut și se toarnă peste dhal. Se amestecă bine și se servește fierbinte.

Rasam

(Supa fierbinte de tamarind)

Pentru 4 persoane

Ingrediente

2 linguri pasta de tamarind

750 ml apă

8-10 frunze de curry

2 linguri frunze de coriandru tocate

Un praf de asafoetida

Sarat la gust

2 lingurite unt clarificat

½ linguriță de semințe de muștar

Pentru amestecul de condimente:

2 lingurițe de semințe de coriandru

2 linguri toor dhal*

1 lingurita de seminte de chimen

4-5 boabe de piper

1 ardei rosu uscat

metodă

- Prăjiți uscat și măcinați ingredientele amestecului de condimente.
- Amestecați amestecul de condimente cu toate ingredientele, cu excepția ghee-ului și a semințelor de muștar. Gatiti intr-o cratita la foc mediu timp de 7 minute.
- Se încălzește ghee-ul într-o altă tigaie. Adăugați semințele de muștar și fierbeți timp de 15 secunde. Se toarnă direct în Rasam. Se serveste fierbinte.

Doar mung dhal

Pentru 4 persoane

Ingrediente

300 g mung dhal*

1 litru de apă

Un praf de turmeric

Sarat la gust

2 linguri ulei vegetal rafinat

1 ceapa mare, tocata marunt

3 ardei iute verzi, tocati marunt

2,5 cm radacina de ghimbir, tocata marunt

5 frunze de curry

2 rosii, tocate marunt

metodă

- Fierbeți dhal-ul cu apa, turmeric și sare într-o tigaie la foc mediu timp de 30 de minute. Pune deoparte.
- Încinge uleiul într-o tigaie. Adăugați toate celelalte ingrediente. Gatiti 3-4 minute. Adăugați asta la dhal. Se fierbe până se îngroașă. Se serveste fierbinte.

Mangusta verde intreaga

Pentru 4 persoane

Ingrediente

250 g fasole mung, la macerat peste noapte

1 litru de apă

½ lingură ulei vegetal rafinat

½ linguriță de semințe de chimen

6 frunze de curry

1 ceapa mare, tocata marunt

½ lingurita pasta de usturoi

½ lingurita pasta de ghimbir

3 ardei iute verzi, tocati marunt

1 rosie, tocata marunt

¼ linguriță de turmeric

Sarat la gust

120 ml lapte

metodă

- Gatiti fasolea cu apa intr-o tigaie la foc mediu timp de 45 de minute. Pune deoparte.
- Încinge uleiul într-o tigaie. Adăugați chimen și frunze de curry.
- După 15 secunde, adăugați fasolea fiartă și toate celelalte ingrediente. Se amestecă bine și se fierbe timp de 7-8 minute. Se serveste fierbinte.

Dahi Kadhi cu Pakoras

(curry de iaurt cu găluşte prăjite)

Pentru 4 persoane

Ingrediente
Pentru pakora:

125 g mezel*

¼ lingurita de chimen

2 lingurite de ceapa tocata

1 ardei verde tocat fin

½ linguriță de ghimbir ras

Un praf de turmeric

2 ardei iute verzi, tocati marunt

½ linguriță de semințe de ajwain

Sarat la gust

uleiul prajit

Pentru kadhi:

Dahi Kadhi

metodă

- Într-un castron, amestecați toate ingredientele pakora, cu excepția uleiului, cu suficientă apă pentru a forma un aluat gros. Se prăjesc linguri în ulei încins până se rumenesc.
- Se fierbe kadhi și se adaugă pakoras. Gatiti 3-4 minute.
- Se serveste fierbinte cu orez aburit

Dhal dulce de mango necopt

(Despărțiți gram roșu cu mango necoapt)

Pentru 4 persoane

Ingrediente

300 g / 10 oz Toor Dhal*

2 ardei iute verzi, tăiați pe lungime

2 lingurite de zahar din trestie*, ras

1 ceapă mică, tăiată felii

Sarat la gust

¼ linguriță de turmeric

1,5 litri de apă

1 mango necopt, decojit și tăiat bucăți

1 ½ linguriță ulei vegetal rafinat

½ linguriță de semințe de muștar

1 lingura frunze de coriandru pentru ornat

metodă

- Amestecă toate ingredientele, cu excepția uleiului, a semințelor de muștar și a frunzelor de coriandru într-o tigaie. Gatiti 30 de minute la foc mediu. Pune deoparte.
- Încinge uleiul într-o tigaie. Adăugați semințele de muștar. Lasă-le să trosnească timp de 15 secunde. Se toarnă peste dhal. Se ornează și se servește fierbinte.

Malai dhal

(File de năut negru cu smântână)

Pentru 4 persoane

Ingrediente

300 g uradhal*înmuiați timp de 4 ore

1 litru de apă

500 ml lapte fiert

1 lingurita turmeric

Sarat la gust

½ linguriță amchoor*

2 linguri smantana lichida

1 lingura unt clarificat

1 lingurita de seminte de chimen

2,5 cm radacina de ghimbir, tocata marunt

1 roșie mică, tocată mărunt

1 ceapa mica, tocata marunt

metodă

- Fierbeți dhal-ul cu apă la foc mediu timp de 45 de minute.
- Adăugați lapte, turmeric, sare, amchoor și smântână. Se amestecă bine și se fierbe timp de 3-4 minute. Pune deoparte.
- Încinge ghee-ul într-o tigaie. Adăugați chimen, ghimbir, roșii și ceapă. Gatiti 3 minute. Adăugați asta la dhal. Se amestecă bine și se servește fierbinte.

Sambhar

(Amestec de linte și legume gătite cu condimente speciale)

Pentru 4 persoane

Ingrediente

300 g / 10 oz Toor Dhal*

1,5 litri de apă

Sarat la gust

1 lingura ulei vegetal rafinat

1 ceapă mare, tăiată subțire

2 lingurite pasta de tamarind

¼ linguriță de turmeric

1 ardei verde, tocat grosier

1 1/2 linguriță de pudră de sambhar*

2 linguri frunze de coriandru tocate marunt

Pentru ierburi:

1 ardei verde, taiat pe lungime

1 linguriță de semințe de muștar

½ linguriță urad dhal*

8 frunze de curry

¼ de lingurita asafoetida

metodă

- Amestecați toate ingredientele pentru dressing. Pune deoparte.
- Fierbeți toor dhal cu apă și sare într-o tigaie la foc mediu timp de 40 de minute. Se face piure bine. Pune deoparte.
- Încinge uleiul într-o tigaie. Adăugați ingredientele pentru dressing. Lasă-le să trosnească timp de 20 de secunde.
- Adăugați dhalul fiert și toate celelalte ingrediente, cu excepția frunzelor de coriandru. Se fierbe timp de 8-10 minute.
- Se ornează cu frunze de coriandru. Se serveste fierbinte.

Trei Dhal

(Linte mixtă)

Pentru 4 persoane

Ingrediente

150 g toor dhal*

75 g masoor dhal*

75 g mung dhal*

1 litru de apă

1 rosie mare, tocata marunt

1 ceapa mica, tocata marunt

4 catei de usturoi, tocati

6 frunze de curry

Sarat la gust

¼ linguriță de turmeric

2 linguri ulei vegetal rafinat

½ linguriță de semințe de chimen

metodă

- Înmuiați dhalurile în apă timp de 30 de minute. Gatiti cu celelalte ingrediente, cu exceptia uleiului si chimenului, la foc mediu, timp de 45 de minute.
- Încinge uleiul într-o tigaie. Adăugați semințele de chimen. Lasă-le să trosnească timp de 15 secunde. Se toarnă peste dhal. Amesteca bine. Se serveste fierbinte.

Methi tobe sambhar

(Bețișoare de schinduf și năut roșu)

Pentru 4 persoane

Ingrediente

300 g / 10 oz Toor Dhal*

1 litru de apă

Un praf de turmeric

Sarat la gust

2 betisoare indiene*, piratat

1 lingurita ulei vegetal rafinat

¼ de linguriță de semințe de muștar

1 ardei roșu, tăiat la jumătate

¼ de lingurita asafoetida

10 g frunze proaspete de schinduf, tocate

1¼ linguriță de pudră de sambhar*

1¼ linguriță de pastă de tamarind

metodă

- Combinați dhal, apa, turmericul, sarea și pulpele într-o cratiță. Gatiti 45 de minute la foc mediu. Pune deoparte.
- Încinge uleiul într-o tigaie. Adăugați toate celelalte ingrediente și prăjiți timp de 2-3 minute. Adăugați aceasta în dhal și fierbeți timp de 7-8 minute. Se serveste fierbinte.

Dal Shorba

(Supă de linte)

Pentru 4 persoane

Ingrediente

300 g / 10 oz Toor Dhal*

Sarat la gust

1 litru de apă

1 lingura ulei vegetal rafinat

2 cepe mari, feliate

4 catei de usturoi, macinati

50 g frunze de spanac, tocate mărunt

3 rosii, tocate marunt

1 lingurita suc de lamaie

1 lingurita garam masala

metodă

- Fierbeți dhalul, sarea și apa într-o tigaie la foc mediu timp de 45 de minute. Pune deoparte.
- Incalzeste uleiul. Prăjiți ceapa la foc mediu până se rumenește. Adăugați toate celelalte ingrediente și gătiți timp de 5 minute, amestecând des.
- Adăugați-l în amestecul de dhal. Se serveste fierbinte.

Bun mung

(Mung întreg)

Pentru 4 persoane

Ingrediente

250 g fasole mung

2,5 litri de apă

Sarat la gust

2 cepe medii, tocate

3 ardei iute verzi, tocat

¼ linguriță de turmeric

1 lingurita pudra de chili

1 lingurita suc de lamaie

1 lingura ulei vegetal rafinat

½ linguriță de semințe de chimen

6 catei de usturoi, macinati

metodă

- Înmuiați fasolea mung în apă timp de 3-4 ore. Gatiti intr-o tigaie cu sare, ceapa, ardei iute verzi, turmeric si praf de chili timp de 1 ora la foc mediu.
- Adăugați suc de lămâie. Lasam la fiert 10 minute. Pune deoparte.

Încinge uleiul într-o tigaie. Adăugați chimen și usturoi. Se prăjește timp de 1 minut la foc mediu. Se toarnă în amestecul de mung. Se serveste fierbinte.

Masala Toor Dhal

(Gram roşu picant iute)

Pentru 4 persoane

Ingrediente

300 g / 10 oz Toor Dhal*

1,5 litri de apă

Sarat la gust

½ linguriță de turmeric

1 lingura ulei vegetal rafinat

½ linguriță de semințe de muștar

8 frunze de curry

¼ de lingurita asafoetida

½ lingurita pasta de ghimbir

½ lingurita pasta de usturoi

1 ardei verde, tocat marunt

1 ceapa, tocata marunt

1 rosie, tocata marunt

2 lingurite suc de lamaie

2 linguri frunze de coriandru pentru ornat

metodă

- Fierbeți dhal-ul cu apă, sare și turmeric într-o tigaie la foc mediu timp de 45 de minute. Pune deoparte.
- Încinge uleiul într-o tigaie. Adăugați toate ingredientele, cu excepția sucului de lămâie și a frunzelor de coriandru. Se prăjește 3-4 minute la foc mediu. Se toarnă peste dhal.
- Adăugați suc de lămâie și frunze de coriandru. Amesteca bine. Se serveste fierbinte.

Mung Dhal galben uscat

(Gram galben uscat)

Pentru 4 persoane

Ingrediente

300 g mung dhal*Înmuiați timp de 1 oră

250 ml apă

¼ linguriță de turmeric

Sarat la gust

1 lingura unt clarificat

1 lingurita amchoor*

1 lingura frunze de coriandru tocate

1 ceapa mica, tocata marunt

metodă

- Fierbeți dhal-ul cu apă, turmeric și sare într-o tigaie la foc mediu timp de 45 de minute.
- Se încălzește ghee-ul și se toarnă peste dhal. Se presară cu amchoor, frunze de coriandru și ceapă. Se serveste fierbinte.

Urad întreg

(gram negru întreg)

Pentru 4 persoane

Ingrediente

300 g fasole urad*, culturi

Sarat la gust

1,25 litri de apă

¼ linguriță de turmeric

½ linguriță de pudră de chili

½ linguriță pudră de ghimbir uscat

¾ linguriță garam masala

1 lingura unt clarificat

½ linguriță de semințe de chimen

1 ceapa mare, tocata marunt

2 linguri frunze de coriandru tocate marunt

metodă

- Fierbeți fasolea urad cu sare și apă într-o tigaie la foc mediu timp de 45 de minute.
- Adăugați turmeric, pudră de chili, pudră de ghimbir și garam masala. Se amestecă bine și se fierbe timp de 5 minute. Pune deoparte.
- Încinge ghee-ul într-o tigaie. Adăugați semințele de chimen și lăsați-le să trosnească timp de 15 secunde. Adăugați ceapa și prăjiți la foc mediu până se rumenește.
- Adăugați amestecul de ceapă în dhal și amestecați bine. Lasam la fiert 10 minute.
- Se ornează cu frunze de coriandru. Se serveste fierbinte.

Dale Fry

(Despărțiți gram roșu cu condimente prăjite)

Pentru 4 persoane

Ingrediente

300 g / 10 oz Toor Dhal*

1,5 litri de apă

½ linguriță de turmeric

Sarat la gust

2 linguri de unt clarificat

½ linguriță de semințe de muștar

½ linguriță de semințe de chimen

½ linguriță de semințe de schinduf

2,5 cm radacina de ghimbir, tocata marunt

2-3 catei de usturoi, tocati marunt

2 ardei iute verzi, tocati marunt

1 ceapa mica, tocata marunt

1 rosie, tocata marunt

metodă

- Fierbeți dhal-ul cu apă, turmeric și sare într-o tigaie la foc mediu timp de 45 de minute. Amesteca bine. Pune deoparte.
- Încinge ghee-ul într-o tigaie. Adăugați semințele de muștar, semințele de chimen și semințele de schinduf. Lasă-le să trosnească timp de 15 secunde.
- Adăugați ghimbir, usturoi, ardei iute verzi, ceapă și roșii. Gatiti la foc mediu timp de 3-4 minute, amestecand des. Adăugați asta la dhal. Se serveste fierbinte.

www.ingramcontent.com/pod-product-compliance
Lightning Source LLC
Chambersburg PA
CBHW050152130526
44591CB00033B/1280